Gero von Randow
Ulrich Ladurner

Die iranische Bombe

Hintergründe einer globalen Gefahr

| Hoffmann und Campe |

1. Auflage 2006

www.hoca.de
Umschlaggestaltung: Katja Maasböl
Satz: Dörlemann Satz, Lemförde
Druck und Bindung: GGP Media GmbH, Pößneck
Printed in Germany
ISBN (10) 3-455-09552-6
ISBN (13) 978-3-455-09552-4

HOFFMANN
UND CAMPE

Ein Unternehmen der
GANSKE VERLAGSGRUPPE

Inhalt

Vorwort

Die Welt fürchtet sich wieder vor Atomwaffen. Erinnerungen an die achtziger Jahre werden wach, in denen die Angst vor nuklearen Erst- und Zweitschlägen umging, und Ältere werden sich an die Zeiten der Korea- und der Kubakrise erinnern. Das waren alles Krisen des Kalten Krieges, der vorbei ist. Sein strategischer Kern waren die Atomwaffen, die phasenweise vom Gleichgewicht des Schreckens eingehegt zu sein schienen – aber eben doch nur phasenweise.

Dieser Waffentyp hat den Lauf der Geschichte geändert, und zwar in nicht geringerem Maße als das Schießpulver. Die Weltpolitik und damit auch die innenpolitischen Auseinandersetzungen in den meisten Staaten in der zweiten Hälfte des 20. Jahrhunderts waren ohne die Existenz von Kernwaffen nicht zu verstehen. Amerika hatte mit dem Aufbau eines Atomwaffenarsenals begonnen; im Laufe der Jahre legten sich dann Russland und China, Großbritannien und Frankreich, Indien, Pakistan und Israel Kernwaffen zu. Weitere Länder wie Südafrika und Brasilien, wohl auch Nordkorea kamen mehr oder weniger dicht an einsatzfähige Nuklearwaffen heran. Höchst problematische Atomprogramme existierten oder existieren noch in Libyen, im Irak und womöglich in Ägypten, Syrien und, in unterschiedlichem Maße, einigen anderen Staaten. Und eben im Iran.

Unterdessen sind andere Konflikte und Konstellationen entstanden, und weitere werden folgen, die zurzeit noch nicht abzusehen sind. Wohin sich die Auseinandersetzung mit dem globalen Dschihadismus entwickeln wird, ist ungewiss, ebenso die Formen, in denen sich die zukünftige Rivalität der Vereinigten Staaten mit der sich allmählich aufbauenden Großmacht China abspielen wird. Die neuen Strukturen zeichnen sich – undeutlich – ab, neue Bruchlinien und Risse, doch in ihnen erhebt das altbekannte Ungeheuer der Nuklearrüstung wieder sein Haupt.

Das System des Atomwaffensperrvertrags, das dreißig Jahre lang recht gut gehalten hatte, zeigt sich mittlerweile einsturzgefährdet. Und ausgerechnet im ideologieverseuchten, hasszerfurchten Nahen und Mittleren Osten könnte es zur ersten Nuklearkatastrophe nach Hiroshima und Nagasaki kommen.

Wir wissen nicht, ob der Iran die Atombombe baut. Wir wissen aber, dass er es könnte, wenn er will. Noch nicht heute, noch nicht morgen, aber schon bald. Die technischen Voraussetzungen für den Bau der Bombe sind so gut wie gegeben. Die Frage ist, ob auch der politische Wille dafür vorhanden ist. Die amerikanische Regierung ist davon überzeugt, dass der Iran die Bombe auf jeden Fall bauen will und dass deshalb alle Verhandlungen zu nichts führen werden. Nur Druck und Drohungen könnten helfen. Auch die Europäer trauen den Beteuerungen aus Teheran nicht, aber sie hoffen mehrheitlich immer noch auf einen Deal: Der Iran, so ist ihre Meinung, wird die Bombe nicht bauen, wenn man ihm dafür etwas anbietet. Amerikaner wie Europäer aber sind sich einig darüber, dass ein nuklear bewaffneter Iran ein Desaster wäre. Beide wollen dies verhindern.

Vor einem nuklear bewaffneten Iran, geführt von islamistischen Revolutionären, deren Antisemitismus durchaus in Vernichtungspraxis umschlagen kann, muss man sich in der Tat fürchten. Furcht allein ist indes kein guter Ratgeber. Mit diesem Buch wollen wir daher dazu beitragen, den Iran und sein Atomprogramm zu verstehen und ebenso die Interessen jener Länder und Institutionen, die sich an dem riskanten Spiel um Teherans Atomprogramm beteiligen. Auf diese Weise lassen sich, wie wir glauben, bestimmte Kriterien für eine Iranpolitik gewinnen, die das Schlimmste verhüten soll.

Das erste Kapitel geht an die Quelle, aus der sich der Iran die gegenwärtig so umstrittene Technik der Urananreicherung heimlich beschafft hat: nach Islamabad. Der Fall Pakistan lehrt überdies sehr viel im Hinblick auf den Fall Iran. Das Kapitel erläutert das merkwürdige Konzept einer »islamischen Bombe«.

Das zweite Kapitel erklärt, auf welchen technischen Wegen – und in welcher Zeit! – der Iran zur Bombe gelangen kann, welche Hürden sich auf diesen Wegen befinden und was sie politisch bedeuten. Es werden zugleich ein paar Begriffe aus der Nukleartechnik erklärt, die in der Tagespresse allenthalben auftauchen.

Das dritte Kapitel führt nach Wien, an den Sitz der Internationalen Atomenergiebehörde IAEA. Es schildert, was Inspekteure der IAEA herausgefunden haben – und wie es ihnen gelang. Außerdem werden die Stärken und Schwächen des Atomwaffensperrvertrags analysiert.

Das vierte Kapitel versucht, das Rätsel Iran zu lösen. Um zu verstehen, was die Kernwaffentechnik für den Iran bedeuten mag, muss man seine Geschichte begreifen, die nationalen Traumata, die religiösen Symbole – und die Geisteshaltung der Radikalen, die in Teheran stark und stärker werden.

Das fünfte Kapitel geht dem anderen Trauma nach: dem amerikanischen. Für die USA ist der Iran ebenfalls seit Jahrzehnten ein ungelöstes Rätsel – und zugleich ein strategisch wichtiger Stein im Spiel um die Weltpolitik. Wird Amerika einen militärischen Angriff auf den Iran wagen?

Das sechste Kapitel fragt nach den Bemühungen und Interessen der Europäer. Sie haben versucht, das Atomprogramm des Iran auf dem Verhandlungsweg zu zivilisieren. Bisher erfolglos. Worin haben sie sich getäuscht, wie verhalten sie sich in Zukunft?

Das siebente Kapitel stellt mögliche Szenarien der weiteren Entwicklung vor, darunter auch militärische Szenarien – mit welchen Wirkungen und Nebenwirkungen ist im Fall eines militärischen Konflikts um das iranische Atomprogramm zu rechnen? Anschließend nennen wir ein paar Kriterien für die Iranpolitik des Westens. Mit aller Vorsicht, denn die Partie bleibt auf absehbare Zeit offen.

Wir haben uns beide an diejenigen Orte begeben, in denen dieses Spiel verläuft. Nach Teheran und Natanz, nach Wien, Berlin und nach Washington. Ulrich Ladurner ist überdies nach Pakistan gereist, ins Zentrum jenes illegalen Netzes, das den Iran mit nuklearer Technologie versorgt hat. Die Quellen, die wir für dieses Buch verwenden, sind entweder Gewährsleute, mit denen wir persönlich gesprochen haben und auf deren Informationen wir uns aus guten Gründen verlassen können, oder es sind Dokumente der IAEA und anderer vertrauenswürdiger Institutionen. Dossiers von Geheimdiensten fanden wir zwar interessant, ebenso die auf ihnen beruhenden Presseartikel, aber wir haben sie für dieses Buch nicht zu Rate gezogen.

Danken möchten wir der Redaktion der ZEIT, die es uns ermöglicht hat, die Themen dieses Buches zu recherchieren und immer wieder ins Blatt sowie ins Internet zu bringen – und die auch die Großzügigkeit hatte, uns die Fertigstellung des Textes zu erlauben.

1 Eine »islamische« Bombe?

Was denkt sich der Soldat, während er neben der Zwillingsflak seine Dehnungsübungen macht? Er wird sich wahrscheinlich langweilen. Es gibt wenig zu sehen, hier in Natanz. Die Berge im Rücken des Soldaten sind kahler Fels, und vor seinen Augen erstreckt sich die Salzwüste, streckt sich und streckt sich, bis die Augen müde werden. Dazwischen weiden ein paar Schafe, und auf dem Autobahnband rauschen Wagen vorbei, blinken im Sonnenlicht auf, und dann passiert wieder nichts. Langweilig ist der Dienst des Soldaten, todlangweilig. Wenn da nicht dieser Gebäudekomplex wäre, die Urananreicherungsanlage von Natanz.

Sie dehnt sich über mehrere Quadratkilometer, eine Ansammlung von Hallen, Häusern und Baracken, deren hellgrauer Beton die Trostlosigkeit der Landschaft noch verstärkt. Das Gelände ist von Stacheldraht, Wachtürmen und Leuchtmasten umgeben. Und von Geschützen, denn in diesen Gebäuden steht etwas, auf das die Welt schaut: Gaszentrifugen zur Herstellung des Stoffs, aus dem in Kraftwerken harmloser Strom entsteht – oder, in anderen Anlagen, Sprengstoff für Atombomben.

Und der Soldat muss nun in Natanz seinen Dienst tun. Sollte ihn tatsächlich Langeweile plagen, wird sie vom Pflichtgefühl aufgewogen. Er ist hier, um sein Land zu verteidigen. Die Sache ist ernst geworden. Eine Bombe in den Händen der iranischen Mullahs, das will der Westen nicht akzeptieren, nicht die Europäer und schon gar nicht die Amerikaner. Eine Bombe in einem Staat, dessen Präsident Machmud Achmadinedschad »Israel von der Landkarte der Erde wischen« will – das ist in der Tat inakzeptabel. Deshalb sind sogar präventive Militärschläge gegen den Iran im Gespräch. Die Anlage in Natanz wäre ein allererstes Ziel.

Aber wie sind die Gaszentrifugen überhaupt dorthin gelangt? Warum sind sie dort? Und sollte der Iran die Bombe wirklich wollen, was verspricht er sich davon?

Erste Antworten auf diese Fragen finden sich in dem Tausende Kilometer entfernten Islamabad, der Hauptstadt Pakistans. Hier lebt Abdul Qadir Khan in einer geräumigen Villa, umgeben von einer hohen Mauer, rund um die Uhr bewacht von Soldaten. Niemand darf ohne Erlaubnis des pakistanischen Sicherheitsdienstes zu Qadir Khan vordringen. Er steht unter Hausarrest. Khan ist ein Geheimnisträger besonderer Art. Er weiß viel über das iranische Atomprogramm, denn er hat es erst möglich gemacht.

Anfang der neunziger Jahre trafen Abgesandte der iranischen Regierung in Islamabad ein. Sie boten angeblich acht Milliarden Dollar für Khans Technik. Bei dieser »Technik« handelt es sich vor allem um die Baupläne von Gaszentrifugen, die für die Anreicherung von Uran verwendet werden können. Der pakistanische Generalstabschef lehnte das Ansinnen der Iraner ab.

Nach den Ermittlungen der Internationalen Atomenergiebehörde in Wien, der IAEA, hatten die Iraner aber über andere Kanäle schon 1987 Kontakte mit Vertretern von Qadir Khan. Sie trafen sich in Dubai, um dort einen Deal anzubahnen. 1995 lieferte Qadir Khan gegen viel Geld die Gaszentrifugen für Natanz. Ohne ihn gäbe es das iranische Atomprogramm nicht.

Wer ist dieser Mann? Können wir aus seiner Geschichte etwas lernen, liegt in ihr ein Schlüssel für die Entschärfung der Krise um den Iran?

Am besten erzählt man Abdul Qadir Khans Leben beginnend mit seiner bittersten Stunde. Sie schlug, als er vor der ganzen Welt ein Geständnis ablegen musste. Am Abend des 4. Februar 2004 strahlte das pakistanische Staatsfernsehen PTV zur Hauptnachrichtenzeit eine kurze Ansprache Khans aus. Mit versteinerter Miene las er folgenden Text von einem Blatt Papier ab: »Ich trete mit dem tiefsten Gefühl des Bedauerns und der Reue vor Sie hin. Das ist der einzige Weg, um den Schmerz zu lindern, den die Pakistaner in den letzten beiden Monaten erlitten haben. Ich bin mir darüber im Klaren, wie wichtig das Nuklearprogramm für unsere nationale Sicherheit und wie sehr es Quelle des nationalen Stolzes ist. Die pakistanische Regierung hat herausgefunden, dass viele der gemachten Angaben über nukleare Proliferation zutreffen und dass sie auf meine Veranlassung hin geschehen ist. Mein Lebenswerk bestand darin, Pakistan hundertprozentige Sicherheit zu geben. Es schmerzt mich, dass ich diese durch meine illegale Tätigkeit gefährdet habe.«

Abdul Qadir Khan trat ab. Die Pakistaner rieben sich die Augen. Sie konnten nicht glauben, was sie eben gesehen und gehört hatten. Q. Khan, wie er überall genannt wurde, soll ein Krimineller sein? Ein Verbrecher?! Ein Schmuggler?! Das Land stand unter Schock.

Q. Khan war ein Nationalheld. Die Menschen verehrten ihn als Genie. Der Vater der pakistanischen Atombombe – und nun dieses Geständnis, diese steinerne Miene, dieser schmachvolle Rücktritt. Nie mehr sollten die Pakistaner Q. Khan zu Gesicht bekommen. Staatschef General Pervez Muscharraf ließ ihn wenige Tage nach seinem öffentlichen Geständnis unter Hausarrest stellen. Eine glimpfliche Strafe für Khans Vergehen. Er hatte immerhin über Jahre hinweg Atomtechnologie illegal exportiert.

Die CIA hatte ihn schon seit fast drei Jahrzehnten ausspioniert, doch erstaunlicherweise war er nie behelligt worden. Zweimal wäre Khan beinahe von der holländischen Polizei verhaftet worden, einmal in den siebziger und einmal in den achtziger Jahren. Beide Male aber überzeugte die CIA die zuständige Polizei, davon abzusehen. Die Agenten blieben Khan auf den Fersen, um sein gesamtes Wirken verstehen zu können – nahezu dreißig Jahre lang taten sie das und begriffen entweder nicht, was er tat, oder ließen ihn absichtlich gewähren. Es mangelte angeblich an Beweisen.

Die pakistanischen Behörden ihrerseits zeigten sich nicht gerade kooperativ. Q. Khan war in Pakistan unantastbar. Außerdem besteht bis heute die Vermutung, dass er nicht allein gehandelt haben kann, dass er Mitwisser und Mittäter innerhalb des pakistanischen Staatsapparates hatte. Muscharraf begnadigte Khan, um viele andere zu schützen: eine nicht bewiesene Behauptung, aber sie ist doch plausibel. Denn wie konnte Q. Khan seine Schmugglertätigkeit organisieren, ohne dass irgendjemand innerhalb der pakistanischen Administration etwas davon mitbekommen hätte? Das erscheint sehr unwahrscheinlich, zumal Pakistans Atomprogramm unter der strikten Kontrolle des allmächtigen Militärs steht.

Endgültig aufgedeckt wurde das Netz Khans im Winter 2004. Völlig überraschend brach damals der libysche Diktator Muammar al-Ghaddafi seine seit Jahrzehnten andauernde Isolation auf. Er öffnete den Inspekteuren der IAEA Tür und Tor. Was diese fanden, war haarsträubend. Ghaddafi hatte tatsächlich an der Entwicklung der Atombombe arbeiten lassen. Es war ihm gelungen, sämtliche Kontrollen und Verbote zu umgehen. Und die Spuren führten nach Pakistan, zu Q. Khan.

Der Stein war ins Rollen gekommen, und er ließ eine Lawine entstehen. Khan, das stellte sich bald heraus, hatte keinerlei Skrupel. Nicht alle seine Transaktionen sind bis heute im Detail bekannt. Sicher ist nur, dass dieses Geschäft jahrelang reibungslos funktionierte. Khan wurde darüber steinreich.

Was mag den Mann getrieben haben? War es Geld, war es Ideologie, oder waren es etwa religiöse Motive?

Abdul Qadir Khan wurde 1936 im indischen Bhopal geboren, elf Jahre vor der Gründung Pakistans. Er hat seinem Biographen berichtet, dass seine Jugend von Gewalt zwischen den Hindus und Muslimen geprägt war. Die Herrschaft der Briten auf dem indischen Subkontinent ging in diesen Jahren dem Ende zu. 1947 wurde der Subkontinent geteilt. In den darauf folgenden Machtkämpfen kamen über eine Million Menschen ums Leben. Diese schrecklichen Ereignisse waren für die Vertreter der Zwei-Nationen-Theorie nur eine Bestätigung ihrer These, dass die Muslime auf dem Subkontinent nicht mit der großen Mehrheit der Hindus zusammenleben könnten, dass sie immer diskriminiert und ausgegrenzt werden würden. Deshalb sollten die Muslime einen eigenen Staat namens Pakistan bekommen. Q. Khan kam als Elfjähriger in den neu gegründeten Staat. Die Furcht vor und den Hass auf Indien hatte er damals wahrscheinlich schon verinnerlicht.

1953 ging Khan an das D. J. Science College in Karatschi. Danach erwarb er sich akademische Titel in Europa. Er wurde Elektroingenieur und Experte für Metallurgie. 1972 nahm er schließlich eine Arbeit in der holländischen Niederlassung der europäischen Atomtechnikfirma Urenco an.

Die holländischen Behörden wurden mit der Zeit skeptisch. Khan hatte sich in recht auffälliger Weise für Techniken der Urananreicherung interessiert. Die

Urenco versetzte ihn in eine andere Abteilung. Aber da war es schon zu spät. Khan hatte sich besorgt, was ihn in Pakistan so berühmt machen sollte: die Baupläne für Gaszentrifugen zur Urananreicherung.

Als Khan seine Arbeit bei der Urenco aufnahm, war in Islamabad gerade eine schwerwiegende politische Entscheidung gefallen. Präsident Zulfikar Ali-Khan Bhutto hatte 1972 klare Anweisung gegeben, die »atomare Handlungsfähigkeit« (nuclear capability) für sein Land anzustreben.

Das Motiv dafür lag in einer demütigenden Niederlage begründet. 1971 spaltete sich Ost-Pakistan unter dem Namen Bangladesch von Pakistan ab. Als Bhutto die Separation verhindern wollte, kam es zum Krieg. Indien griff auf der Seite Bangladeschs ein. Pakistans Truppen unterlagen. Das war bereits der dritte Krieg mit Indien in weniger als dreißig Jahren, und keiner war zu Gunsten Pakistans ausgegangen. Zu groß war Indien, zu stark, zu entschlossen. Bhutto – und mit ihm ein großer Teil des pakistanischen Establishments – glaubte, dass nur die Atombombe den übermächtigen Riesen zurückhalten könne.

Pakistan war sich seiner relativen Schwäche gegenüber Indien immer bewusst gewesen. Deshalb konzentrierte sich die Militärdoktrin des Landes unter dem Motto »minimale Abschreckung« darauf, dem Gegner möglichst viele Verluste zufügen zu können. Die Logik schien bestechend zu sein. Der Gegner konnte zwar einen Krieg dank seiner materiellen Überlegenheit gewinnen, aber er hätte dafür einen sehr hohen Preis zu bezahlen. Eine Bombe würde diesen Preis so weit in die Höhe treiben, dass es Indien nie mehr wagen würde, einen Krieg gegen Pakistan zu führen. Das war der Gedanke, den Pakistans Führung entwickelte.

Die Entscheidung war getroffen, doch zunächst bedeutete das nicht viel. Wer eine Atombombe bauen will, muss enorme Ressourcen mobilisieren: immense Geldsummen, genaue Kenntnisse, praktische Erfahrung, zuverlässiges Material, hoch motivierte Menschen. Und all dies muss auf einen Punkt konzentriert werden, über Jahre hinweg. Das ist nicht leicht, für keinen Staat, schon gar nicht für Pakistan. Denn es war und ist ein armer Staat. Selbst wenn die Führung das Land zur »nuklearen Handlungsfähigkeit« bringen wollte, musste es doch die Kraft für die Umsetzung dieses Entschlusses aufbringen und die Konsequenzen tragen können. Das setzte mehr als nur den Willen eines – wenn auch populären und machtbewussten – Ministerpräsidenten wie Bhutto voraus. Nein, es wäre unmöglich gewesen ohne eine konkret empfundene existenzielle Bedrohung.

Die kam 1974. In diesem Jahre zündete Indien seinen ersten nuklearen Sprengsatz. Pakistan beschritt nun mit großer Entschlossenheit den nukleartechnischen Weg. Das Land hatte, ebenso wie Indien, den Atomwaffensperrvertrag nicht unterzeichnet. Es war daher völkerrechtlich frei, seine Nukleartechnik auch militärisch zu entwickeln.

Die Pakistaner rechneten mit internationaler Zusammenarbeit. Immerhin hatten sie mit Frankreich ein Abkommen getroffen, wonach französische Firmen eine Wiederaufbereitungsanlage bauen sollten. Daraus aber wurde nichts. Die Vereinigten Staaten übten einen dermaßen großen Druck auf Frankreich aus, dass es 1978 den Vertrag einseitig kündigte. Sie wollten eine weitere Proliferation von Kerntechnik auf dem Subkontinent verhindern. Aber die Pakistaner hatten schon einen anderen Weg ausgespäht.

Q. Khan war 1976 aus den Niederlanden zurückgekehrt. Im Gepäck führte er in den Büros von Urenco gestohlene Pläne zum Bau von Gaszentrifugen mit sich. Bhutto stellte ihn an die Spitze des pakistanischen Nuklearforschungsprogramms. Khan bekam alles, was er wollte. Er sollte um jeden Preis erfolgreich sein. Und er war erfolgreich. 1987 lud er den bekannten indischen Journalisten Kuldip Nayar nach Pakistan ein. In dem Interview, das er ihm gab, sagte er: »Pakistan hat jetzt alles, was es braucht, um eine Bombe zu bauen!« Die Nachricht verbreitete sich im Nu. Indien war gewarnt.

Pakistan vermied es zu jener Zeit allerdings, sich offen als Nuklearmacht zu deklarieren. Es sollten noch über zehn Jahre vergehen, bis sich die Regierung in Islamabad dazu entschloss. Diese Entscheidung wurde schließlich durch die Uneinsichtigkeit Indiens und durch die Gleichgültigkeit der internationalen Gemeinschaft erleichtert.

Am 12. Mai 1998 zündete Indien einen Atomsprengkopf. Niemand hatte damit gerechnet. Die Explosion überraschte selbst die Geheimdienste Washingtons, deren Aufgabe es ist, ihre Regierung gerade auf solche Ereignisse vorzubereiten. Indien hatte seine Pläne erfolgreich verheimlichen können. Mehr noch, es hatte bis kurz vor der Explosion auf Anfragen hin immer wieder geleugnet, dass es eine Bombe zünden wolle.

Vertrauen erweckte dieses Verhalten nicht gerade, vor allem nicht unter den Pakistanern. In ihrem Land kehrte die alte Angst vor dem Riesen Indien wieder ein, diesmal vor einem nuklear bewaffneten Riesen. Und der tat auch wenig, um die Pakistaner zu beruhigen. Ganz im Gegenteil, aus Neu-Delhi kamen provokante Parolen. Ein Minister der Regierung sagte: »Sollte Pakistan noch einen Krieg gegen uns führen wollen, dann sollten sie uns die Zeit und den Ort dafür nennen. Wir sind bereit!« Die Frage lautete nun, ob Islamabad mit Indien nuklear gleichziehen würde.

Zunächst sandte Pakistan seine Diplomaten aus. Sie

sollten vor allem in den westlichen Hauptstädten Sicherheitsgarantien einholen. Ihre Botschaft lautete: Wir halten still, aber ihr müsst uns dafür was bieten. Washington war natürlich die erste Adresse. Nur die USA konnten Pakistan den Schutz gewähren. Doch was Washington anbot, reichte bei weitem nicht aus. Selbst neutrale Beobachter gestehen heute ein, Pakistan habe nicht sehr viel bekommen und es sei mithin verständlich, dass das Land schließlich die Bomben gezündet habe. Stephen Cohen, ein angesehener amerikanischer Experte für die Region, kommentiert die damaligen Ereignisse: »Die USA haben den Pakistanern nicht einmal annähernd das geboten, was wir heute den Nordkoreanern anbieten!« Viel zu viele Worte, viel zu wenig Zusagen. Sicherheitsgarantien? Fehlanzeige.

Islamabad gab die Order aus. Am 28. Mai explodierten fünf Sprengköpfe unterirdisch in der Wüste von Balutschistan. An diesem Tag wurde Qadir Khan zum Nationalhelden. Populär war er schon vorher gewesen, vielfach geehrt, bewundert und beliebt, aber nichts konnte an den Jubel heranreichen, der am 28. Mai unter der Bevölkerung ausbrach. Die Menschen gingen zu Tausenden auf die Straße, sein Konterfei vor sich hertragend. Q. Khans Gesicht erschien auf Hauswänden, Lastwagen, Transparenten. Er hatte gottgleichen Status erlangt.

Wie konnten die Menschen, von denen viele in bitterer Armut lebten, von denen viele weder lesen noch schreiben konnten, einen Mann zum Helden erheben, der ihrem Land eine Bombe beschert hatte, die Hunderttausende umbringen konnte? Wie konnte ein Volk, dem der Staat kaum je etwas gegeben hatte, weder Rechte noch Geld, weder Arbeit noch Hilfe, einem Mann zujubeln, der Milliarden in die Entwicklung einer Atombombe hatte stecken dürfen?

Diese Fragen sind auf den ersten Blick verstörend. Es gibt darauf jedoch eine ganze Reihe von Antworten. Jede einzelne verweist auch auf den Iran.

Was Pakistaner dazu gebracht hat, ihren Vater der Bombe als Helden zu verehren, könnte morgen Iraner dazu bringen, ihren eigenen Bombenbauern zuzujubeln; was Pakistaner dazu brachte, sich durch die Bombe erlöst zu fühlen, das kann morgen auch die Iraner zu dem gleichen Gefühl bewegen. Die Bombe als Heilsbringer, dieses kollektive pakistanische Erleben ist auch im Iran im Bereich des Möglichen.

Iran ist nicht Pakistan. Aber Pakistan ist ein Land, das sich gegen internationalen Widerstand die Bombe beschafft hat – Iran könnte das nächste sein. Die auf Pakistan zielenden Fragen sind deshalb auch immer Fragen, die den Iran betreffen. Die für Pakistan gültigen Antworten sind auch mögliche Antworten auf die Frage nach der iranischen Bombe.

Q. Khan hat den Pakistanern die Angst vor Indien genommen. Er hat sie gestärkt. Sie wussten nun, dass sie de facto unangreifbar waren. Hatte denn die Geschichte nicht gelehrt, dass die Bombe jeden, der sie hat, schützt? Musste man nun nicht respektiert werden, und sei es nur aus Angst? Q. Khan hatte aller Welt gezeigt, dass das arme, muslimische Pakistan die hochmoderne Atomtechnologie beherrschen konnte, eine westliche Technologie. Da schwang viel Stolz mit. Der Stolz einer Nation der Dritten Welt, es denen im Westen gezeigt zu haben.

Die Religion hatte in dieser Begeisterung wohl auch eine Rolle gespielt, und zwar in dem Sinne, dass sich viele Pakistaner als Muslime diskriminiert fühlten. Die Existenz ihres Staates gründete ja auf der Überzeugung, sie würden als religiöse Minderheit auf dem Subkontinent verfolgt. Die Presse sprach nach den erfolgreichen Tests von einer »islamischen Bombe«. Q. Khan lehnte dies umgehend und mit guten Argumenten ab: »Wir können nicht leugnen, dass Pakistan ein muslimisches Land ist. Aber wir sollten gleichzeitig nicht vergessen, dass die USA, Frankreich und Großbritannien vornehmlich christliche Länder sind. Sollen wir ihre Bomben deshalb christliche Bomben nennen? Wir wissen, dass Israel die Bombe besitzt. Die Mehrheit der israelischen Bevölkerung ist jüdisch. Sollen wir ihre Bombe deshalb jüdische Bombe nennen? Und sollten wir die indische Bombe eine hinduistische Bombe nennen? Das ist alles Blödsinn. Will jemand allen Ernstes behaupten, dass die Bomben eine Religion haben?«

Trotzdem hatte die Tatsache, dass zum ersten Mal ein muslimisches Land die Atombombe besaß, durchaus eine religiöse Komponente, wie ein Besuch bei General a. D. Mirza Aslam Beg in Rawalpindi bestätigte. Beg war von 1988 bis 1991 Generalstabschef der pakistanischen Streitkräfte gewesen, einer der mächtigsten Posten in Pakistan. Heute ist er Vorsitzender einer NGO namens Friends. Für verschiedene pakistanische Zeitungen kommentiert er sicherheitspolitische und geostrategische Fragen. Er schreibt sehr viel, seine Stimme wird ernst genommen. Seine Botschaft ist im Wesentlichen immer eine Warnung: vor den machtgierigen, erdölhungrigen Vereinigten Staaten von Amerika.

General Beg erläutert seinen Standpunkt mit Hilfe einer riesigen Landkarte, die an der Wand seines Büros hängt. Er nimmt einen langen Stab in die Hand und fährt damit über die Karte. »Schauen Sie: Afghanistan, Irak, Pakistan, Iran. In allen diesen Ländern haben die USA in der einen oder anderen Weise interveniert, politisch oder militärisch. Die USA wollen diese Region eindeutig kontrollieren. Dagegen gibt es nur ein Mittel:

Die muslimischen Länder müssen zusammenhalten, um diesem Einfluss von außen widerstehen zu können!«

Weil Beg dieses Argument verwendet, wird er in westlichen Ländern gern als muslimischer Hardliner betrachtet. Tatsache ist, dass sich solche Argumente auf die Gemeinschaft der Gläubigen (Umma) als Referenzgröße beziehen. Eine Bombe für Pakistan ist aus dieser Sicht auch eine Bombe für die Umma. Freilich ist dies eine unzulässige Vereinfachung, denn die islamischen Länder im Nahen und Mittleren Osten sind kein monolithischer Block. Der schiitische Iran hat mit dem Irak einen acht Jahre dauernden Krieg geführt, Pakistan selbst stand mit dem Nachbarn Afghanistan immer wieder knapp vor einer größeren bewaffneten Auseinandersetzung, das ölreiche Saudi-Arabien und der Irak sind bittere Konkurrenten, der Irak Saddams hatte Kuwait besetzt, der Iran hat ein gespanntes Verhältnis zu den benachbarten arabischen Scheichtümern am Persischen Golf, und gegen die Taliban Afghanistans hätte er 1998 fast einen Krieg geführt. Die Liste ließe sich fortsetzen. Die muslimischen Staaten bilden alles andere als eine Einheit.

Gleichwohl, Q. Khan war nicht nur zum Helden der pakistanischen Nation geworden, man versuchte ihn auch zur Hoffnung für die Muslime im Allgemeinen zu stilisieren. In Interviews fragte man ihn immer und immer wieder nach dem Stand der Dinge, es gab Fragen wie: »Verschiedene Staaten der muslimischen Welt schauen heute erwartungsvoll auf Menschen wie Sie. Welche Maßnahmen würden Sie vorschlagen, um diese Staaten aus ihrer düsteren Lage zu befreien?« Im November 1999, auf der Höhe seines Ruhms, antwortete Q. Khan: »Ich kann die muslimische Welt nicht retten. Wenn jemand Selbstmord begehen will, kann ihn niemand aufhalten!«

Dieses eine nämlich darf man nicht vergessen, vor allem nicht im Zusammenhang mit der Bombe im Iran: Die Muslime fühlen sich vom Westen gedemütigt. Ihre Heimatländer sind ökonomisch, politisch, sozial und militärisch unterlegen. Diese Unterlegenheit empfinden sie in der Regel als täglich erlittene Erniedrigung. Es ist dabei nicht wichtig, ob dies tatsächlich so ist oder nicht, es geht um die Wahrnehmung. Sie macht den Besitz der Bombe zu einem Symbol.

Auch Khan bewegte sich auf dem ideologischen Boden der Gemeinschaft der Muslime. Auch für ihn ist sie Bezugspunkt seines Handelns. Freunde berichten, dass er nach dem erfolgreichen Test religiöser geworden sei, orthodoxer und härter. Manche vermuten, er sei im Laufe dieser Entwicklung in die Nähe der islamischen Extremisten gerückt, die dem Westen den Krieg erklärt haben. Beweise dafür gibt es nicht. Es gibt den Verdacht, Khan habe das Wissen und die Technologie der Bombe so weit verbreitet, dass sie sich heute auch in den Köpfen und Händen von Terroristen befinden.

Belegt ist nur, dass Khan zunächst einmal viel Geld mit seiner Tätigkeit als Exporteur von Nukleartechnik verdient hat. Jetzt bezahlt er dafür mit Hausarrest. Kann sein, dass General Muscharraf eine höhere Strafe für Khan nicht verhängen mochte, weil er das Volk und Teile des politischen und militärischen Establishments nicht weiter gegen sich aufbringen wollte. Q. Khan bleibt der Mann, der Pakistan die Bombe geschenkt hat. Er bleibt ein Held.

Aus seiner Geschichte und aus der Geschichte der pakistanischen Bombe lassen sich einige Erkenntnisse destillieren, die in der gegenwärtigen Diskussion um die Bombe Irans von Bedeutung sind:

- Es ist möglich, alles, was man zum Bau der Bombe braucht, illegal zu beschaffen.
- Die Entscheidung, eine Bombe zu bauen, ist für ein Land schwerwiegend, risikoreich und nicht unbedingt sinnvoll. Der betreffende Staat muss große finanzielle, technische und geistige Ressourcen mobilisieren. Die Mittel fehlen in anderen Bereichen, wo sie dringender gebraucht werden.
- Zudem setzt sich dieser Staat dem Risiko der internationalen Isolation aus. Der Preis für eine Bombe ist also extrem hoch.
- Kein Staat baut leichten Herzens eine Bombe. Er tut es unter dem Eindruck einer existenziellen Bedrohung, ganz gleich, ob sie real ist oder nur eingebildet. Selbst wenn diese Gefahr wirklich besteht, greift ein Staat in der Regel auf den Bau einer Bombe als letztem Mittel zurück. Zuvor werden noch alle möglichen anderen Wege beschritten. Meist suchen solche Staaten nach internationalen Sicherheitsgarantien.
- Baut ein Staat eine Bombe, dann ist dies vor allem Ausdruck seiner Isolation.
- Die Bombe ist nicht nur ein Massenvernichtungsmittel. Sie ist ein politisches Symbol von hohem Rang. Politische, nationale und religiöse Leidenschaften verdichten sich in ihr.

2 Der Weg zur Kernwaffe

Was man braucht, um eine Atombombe zu bauen

Ist es glaubwürdig, wenn die Regierung eines öl- und gasreichen Landes wie Iran behauptet, sie strebe die Beherrschung der Kernenergie zu friedlichen Zwecken an? Wie weit würde ein ziviles Nuklearprogramm die Machthaber in Teheran an die militärische Technik heranführen? Was kann die IAEA dem Regime nachweisen, und was nicht?

Derartige Fragen lassen sich nicht rein wissenschaftlich beantworten – aber ohne ein bisschen Anfängerphysik sind sie überhaupt nicht zu ergründen. Allzu tief freilich muss man dafür nicht in die Materie eindringen. Im Folgenden geht es zunächst um den Zentralbegriff der Energie; dass von ihm die Rede ist, erkennt man immer dann, wenn Begriffe wie »Megawatt« auftauchen. Anschließend, natürlich, wird die Kernenergie skizziert, die der Iran nutzen will, außerdem stellen wir die denkbaren Wege zu einer iranischen Atombombe vor.

Der Begriff der Energie lässt sich umgangssprachlich definieren als die »in einem Objekt gespeicherte Fähigkeit, Arbeit zu verrichten«. Das ist allerdings noch keine richtige Physik, die nämlich ist mathematisch formuliert, und jeder Versuch, sie ohne Formeln zu umschreiben, bleibt notwendigerweise ungenau. Gerade »Energie« ist ein sehr abstraktes und daher hochgradig formales Konzept, das für viele unterschiedliche Sachverhalte gedacht ist, aber in deren Beschreibung nicht restlos aufgeht.

Der amerikanische Physiker und Nobelpreisträger Richard Feynman (1918–1988) beschrieb den naturwissenschaftlichen Begriff der Energie folgendermaßen: »Es gibt da eine Tatsache oder, wenn man so will, ein Gesetz, das alle Naturphänomene beherrscht, die wir bis heute kennen ... Es heißt Energieerhaltungssatz. Er behauptet, dass sich eine bestimmte Größe namens Energie nicht ändert, trotz der mannigfaltigen Änderungen, die in der Natur geschehen. Das ist eine äußerst abstrakte Idee, nämlich ein mathematisches Prinzip ... Es beschreibt keinen Mechanismus oder irgendetwas Konkretes; es stellt einfach die merkwürdige Tatsache fest, dass wir eine bestimmte Zahl errechnen können, die, nachdem wir die Natur mit allen ihren Tricks beobachtet haben, wir dann ein zweites Mal errechnen – und es ist dieselbe Zahl.«

Tatsächlich kann bis heute niemand in Worten erschöpfend darstellen, was Energie eigentlich ist. Aber wenn wir ein natürliches oder technisches System betrachten, dann stehen genügend Formeln für die Errechnung seiner Energie in ihren vielen Erscheinungsformen zur Verfügung – Lageenergie, Bewegungsenergie, elektromagnetische und chemische Energie, Kernenergie und thermische Energie sowie einige mehr. Und wenn wir die Berechnungen zusammenfügen, ergeben sie stets dieselbe Zahl, von der Richard Feynman sprach, denn die Gesamtenergiemenge bleibt erhalten. Vorausgesetzt natürlich, wir betrachten ein abgeschlossenes System oder wir berücksichtigen den Energieaustausch eines Systems mit seiner Umwelt in unserer Buchhaltung.

Energiemaschinen, die der Mensch einsetzt, gewinnen also im strengen Sinne gar keine Energie, sie wandeln sie nur derart um, dass sie für ihn nutzbringend wird – zum Beispiel die im Erdöl gespeicherte chemische Energie durch Verbrennung in Wärmeenergie und diese wiederum mit Hilfe von Turbinen in Strom.

Leider sind die Begriffe der Energietechnik oft ein wenig verwirrend, was aber nicht daran liegt, dass die Wissenschaft so schwierig ist, sondern daran, dass Forscher und Ingenieure unterschiedlicher Energiebranchen ein ziemliches Sprachkauderwelsch verursacht haben. Für die Zwecke dieses Buches ist es nützlich, sich zu merken, dass die wichtigste Messgröße der Energietechnik die Leistung ist. Leistung ist die (in Joule gemessene) Arbeit, die pro Zeiteinheit verrichtet wird, oder auch die nutzbare Energie, die pro Zeiteinheit zur Verfügung steht, und ein Joule pro Sekunde ist ein Watt. Leistung wird also in Watt gemessen (somit auch in Kilo-, Mega- und Gigawatt). Der Begriff stammt aus der Elektrotechnik.

Bei Kraftwerken spricht man von »installierter Leistung« – etwa wenn ein Atomreaktor wie der im iranischen Buschir eine Leistung von 1000 Megawatt (abgekürzt MW) zustande bringen kann. Gemeint ist dann fast immer nur die »elektrische Leistung«, also der Strom; hinzu kommt noch seine »thermische Leistung«, also die Wärme, die er erzeugt.

Im Falle von Atomwaffen haben andere Ingenieure eine davon abweichende Art ersonnen, die Leistung auszudrücken. Sie vergleichen sie mit der von chemischem Sprengstoff (genauer: TNT) und sprechen dann von »Kilotonnen« (kT) oder »Megatonnen«; gemeint sind immer Kilo- oder Megatonnen TNT, genauer gesagt: deren Wirkung.

Atomkraftwerke und Atombomben nutzen die Atomenergie. Eine kurze Verständigung darüber, was ein

Atom ist, muss daher sein, soweit dies zum Verständnis des iranischen Atomprogramms nötig ist.

Die Materie, mit der es der Mensch auf der Erde zu tun hat, ist aus chemischen Grundstoffen aufgebaut, die Elemente heißen, darunter Wasserstoff, Kohlenstoff und Uran. Die kleinste Einheit eines Elements ist das Atom; zwar besteht das Atom seinerseits aus kleineren Teilen, aber nur als Ganzes hat es die Eigenschaften des jeweiligen Elements. Atome des gleichen Elements oder verschiedener Elemente können sich zu Molekülen zusammentun, die dann wieder ganz andere, neue Eigenschaften aufweisen.

Das Atom besteht, vereinfacht gesagt, aus einem Kern und einer Hülle. Die Hülle dürfen wir uns als Aufenthaltsraum der Elektronen vorstellen – das sind die elektrischen (negativen) Teilchen, wie sie auch durch unsere Stromleitungen fließen. Der Atomkern wiederum besteht aus zwei verschiedenen Sorten Teilchen: positiv geladenen Protonen und elektrisch neutralen Neutronen.

Protonen und Neutronen fasst man auch unter dem Begriff der Nukleonen zusammen (von lat. nucleus, Kern). Die Anzahl der Protonen im Kern eines Atoms ist seine so genannte Ordnungszahl, die Anzahl der Nukleonen seine Massezahl. Das chemische Verhalten eines Elements wird durch die Anzahl der Protonen in seinen Atomen bestimmt, also durch die Ordnungszahl.

Es gibt aber Atome mit gleicher Ordnungs- und unterschiedlicher Massezahl (also unterschiedlicher Anzahl von Nukleonen): Solche Geschwister heißen Isotope. Das Element Uran beispielsweise hat mehrere Isotope, und in diesem Buch ist oft von zweien die Rede, die sich durch ihre Massezahl voneinander unterscheiden: Uran-235 und Uran-238, abgekürzt U-235 und U-238. Da beide die gleiche Anzahl von Protonen aufweisen (Ordnungszahl 92), verhalten sie sich chemisch identisch, lassen sich also nicht auf chemischem Wege entmischen. Aber ihre Masse ist unterschiedlich, weshalb sie sich in einer Zentrifuge nicht gleichartig verhalten – und das kann man ausnutzen, wenn man beispielsweise den Anteil des atomwaffentauglichen Uran-235 im Gemisch erhöhen will. Das nennt man dann Urananreicherung: Eben dies ist der Vorgang, der in den Zentrifugen von Natanz stattfindet.

Nun zur Kernkraft. Angenommen, in einer Art Baukasten liegen Neutronen und Protonen herum und wir wollen einen Atomkern daraus bauen. Dann stehen wir vor dem Problem, dass die Protonen, weil sie doch elektrisch gleich geladen sind, einander wechselseitig abstoßen, je mehr wir sie zusammenbringen – das nennt man die Coulomb'sche Kraft. Doch da ist noch eine andere Kraft, die stärker ist als diese: die Kernkraft. Sie hält die Protonen im Atomkern zusammen. Aus dieser Kraft, der stärksten, die wir kennen, lässt sich Energie gewinnen: Kernenergie.

Ihre Größe wird leider von den Physikern reichlich unanschaulich definiert, nämlich gewissermaßen als negative Energie. Was »Bindungsenergie« genannt wird, ist nach dem Verständnis der Physiker der Aufwand, der betrieben werden muss, um zwei Teilchen unendlich weit voneinander wegzubewegen, also so weit, dass keinerlei Bindung mehr zwischen ihnen existiert. Man kann dies auch so ausdrücken: Für die Physik ist die »Bindungsenergie« ein negativer Wert. Woraus sich ergibt, dass diese Energie frei wird, wenn Bindung stattfindet – verrückt! Passt aber zu sämtlichen Messergebnissen.

Nun existiert die Kernkraft, die auf diese Weise die Welt zusammenhält, gewissermaßen auf Kosten der Masse. Etwas genauer: Sie wird nach Albert Einsteins berühmter Formel $E = mc^2$ (E ist die Energie, m die Masse und c die Lichtgeschwindigkeit) mit Masse bezahlt: Die Gesamtmasse eines Atomkerns ist stets kleiner als die Summe der Massen seiner Nukleonen; dieser »Massendefekt« ist der Preis für die Kernbindungsenergie zwischen den Nukleonen.

Es gibt dabei ein Phänomen, das der Mensch sich technisch zunutze machen kann: Der Massendefekt ist nicht in allen Atomkernen gleich groß; in den mittelschweren (Massezahl um die 60) ist er am größten. In ihnen ist also sehr viel Kernbindungsenergie am Werk. Zerspaltet man schwerere Atomkerne wie den des Urans in mittelschwere oder fügt man leichte Kerne wie die der Wasserstoff-Isotope Deuterium und Tritium zu etwas schwereren zusammen (Fusion), dann wird nach Einsteins Formel besonders viel Masse in Energie umgesetzt. Sie wird frei, und zwar hauptsächlich in Form von Bewegungsenergie der beteiligten Teilchen, die sich bei deren Abbremsen in Wärme und elektromagnetische Strahlung (zum Beispiel Licht) umwandelt.

Die Fusion liegt auch der Wasserstoffbombe zugrunde, doch von der ist der Iran so weit entfernt, dass wir sie hier nicht näher zu betrachten brauchen. Die Spaltung von Uran hingegen wird im Iran ganz offiziell angestrebt, und zwar angeblich zu zivilen Zwecken, also um die dabei auftretende Wärme zum Betreiben stromproduzierender Turbinengeneratoren in Kernkraftwerken zu nutzen.

Wie aber spaltet man Uran, sei es für Kraftwerke, sei es für Bomben? In einem Atomkern wirken, wie gesagt, gegensätzliche Kräfte. Die positiven Protonen stoßen einander ab, werden aber von der stärkeren Kernkraft zusammengepresst. Die Lage ändert sich jedoch, wenn der Kern mit einem Neutron beschossen wird, was ihn zu Schwingungen und womöglich zur Spaltung anregt.

Das setzt Bewegungsenergie der Spaltprodukte und Gammastrahlung frei – außerdem fliegen nun möglicherweise weitere Neutronen aus dem gespaltenen Kern umher, die ihrerseits Atome spalten können, woraus eine Kettenreaktion entstehen kann.

Zwei Elemente eignen sich für eine solche Kettenreaktion besonders: Uran und Plutonium. Uran hat, wie schon erwähnt, die Ordnungszahl 92 und kommt in Form der Isotope U-232 bis U-238 vor. Plutonium hat die Ordnungszahl 94, und seine Isotope reichen von Pu-238 bis Pu-242. Es scheint sich um nahe Verwandte zu handeln, und wir werden noch sehen, was das sicherheitspolitisch bedeutet. Allerdings sind nicht alle Isotope dieser zwei Elemente geeignetes Spaltmaterial, sondern nur die einigermaßen stabilen und ungeradzahligen U-233, U-235, Pu-239 und Pu-241. Am praktischsten und am weitesten verbreitet sind U-235 und Pu-239. Um sie dreht sich der Atomstreit mit dem Iran, vor allem um das U-235.

Zu einer Kettenreaktion kommt es, wenn im Durchschnitt jeder gespaltene Kern die Spaltung mindestens eines weiteren Kerns anregt. Dazu müssen genügend geeignete Kerne genügend dicht beieinander liegen – das ist es, was man unter einer »kritischen Masse« versteht. In einem Kernreaktor hält man diese Kettenreaktion dadurch unter Kontrolle, dass man den Neutronenfluss mit Neutronenfängern regelt und sich das Spaltmaterial, falls eine zu starke Beschleunigung der Reaktion eintritt, aufgrund der Hitze ausdehnt, wodurch die Masse unterkritisch und die Kettenreaktion gebremst oder gar abgebrochen wird.

Zu einer explosiven Kettenreaktion wie in einer Bombe kommt es, wenn im Durchschnitt jeder gespaltene Kern mehr als einen weiteren Kern spaltet. Dafür braucht man eine superkritische Masse. Waffentechniker erzeugen sie, indem sie entweder unterkritische Massen von Spaltmaterial ineinander schießen (»Kanonenkugel-Prinzip«) oder indem sie eine Masse, die nicht dicht genug ist, mittels geschickt angeordneter Explosionen komprimieren (diese Methode der »Implosionsanordnung« ist für Plutoniumbomben entwickelt worden). Je reiner die Spaltstoffmischung (also je höher der Anteil des U-235 oder des Pu-239), desto niedriger der Wert der superkritischen Masse, den es zu erreichen gilt, und desto geringer das Risiko, dass die Explosion zu langsam abläuft. Die Reaktion wird beschleunigt, wenn Reflektoren aus speziellen Metallen die entweichenden Neutronen ins Geschehen zurückwerfen (Reflektor). Noch effizienter wird die Explosion, wenn das Auseinanderfliegen des Spaltstoffs durch schwermetallene »Tamper« verlangsamt wird.

Aus diesem Grund ist auch das Einkaufsverhalten eines Landes interessant: Wenn es sich mit einschlägigen Spezialmaterialien eindeckt, mag dies ein Indiz für den Charakter seines Atomprogramms sein. Dem Iran wurde bislang allerdings nicht nachgewiesen, dass er sich für Reflektoren oder Tamper geeignete Metalle in großem Stil beschafft hat.

In jedem Fall muss die Oberfläche der Kernsprengstoffmasse während der Explosion möglichst lange möglichst klein im Verhältnis zum Volumen bleiben, damit nicht zu viele Neutronen entweichen. Das ist insbesondere für Implosionsanordnungen wichtig. Für sie genügt es nicht, Kernsprengstoff mit chemischem Sprengstoff zu ummanteln, denn dessen Explosionswellen können denen des Sprengstoffs in die Quere kommen und seine Oberfläche derart verformen, dass sie sogar größer wird als zuvor. Es muss also sorgfältig geplant werden, wann die Chemie an welcher Stelle gezündet wird, was eine hoch komplizierte Rechenaufgabe für Elektroniker und

Programmierer ist. Außerdem arbeiten die Bombenbauer mit chemischen Sprengstoffen unterschiedlicher Eigenschaften (im Fachjargon ist von »Linsen« die Rede, die Stoßwellen ähnlich bündeln wie optische Linsen die Lichtwellen). Mit ihnen experimentieren sie vorzugsweise am Computer; die Simulationen sind außerordentlich komplex.

Implosionsbomben sind extrem schwer zu bauen, viel schwerer als die Uranbomben des »Kanonenkugel-Typs«. Ganz klar: Der Iran kann so etwas nicht. Ob seine Physiker es überhaupt versucht haben? Auf der Liste der möglichen Indizien für den Bombenbau findet sich nicht zuletzt die Beschaffung spezieller Hochleistungsprozessoren, Schalter und chemischer Substanzen. Bisher liegen derlei Indizien gegen den Iran nicht vor, obwohl die weltweit in der von den USA angeregten »Proliferation Security Initiative« zusammenarbeitenden Polizei- und Zollbehörden gerade danach suchen.

Von nur theoretischem Interesse dürften für Irans Physiker erst recht jene Bombendesigns sein, die richtig viel Sprengstoff sparen. Da gibt es eine Vielzahl von Tricks, etwa die Mehrfachkombination von Spaltungs- und Fusionsprozessen, die einander wechselseitig mit Röntgenstrahlen oder Neutronenschüben zünden, bis es zur großen Detonation kommt. Es gilt die Regel: Je raffinierter die Technik, desto geringer die erforderliche Masse des Spaltmaterials. Es wird von Bomben berichtet, die bereits mit einem Kilo waffenreinem Plutonium oder mit zweieinhalb Kilo sehr hoch angereichertem Uran auskommen. Für eine iranische Bombe dürfte die Mindestmenge indes weitaus höher liegen. Um das Zehnfache, so wird geschätzt.

Die Frage ist nur: Wie gerät man an Waffenplutonium oder ausreichend hoch angereichertes Uran?

Uran kommt in der Natur als Mischung von Uranoxiden in großen Mengen vor, zu Wasser und zu Land, in letzterem Fall als Erz. Iran verfügt über einige der umfangreichsten Lagerstätten von Uranerz in der Welt. Die größte Mine des Landes befindet sich in Saghand, einem Ort in der zentraliranischen Wüste. Rund 5000 Tonnen abbaufähiges und nutzbares Uranerz sollen dort liegen. Die technisch gut ausgestattete Anlage wird mit Hilfe chinesischer Spezialisten betrieben.

Der erste Schritt zur Gewinnung von Uran ist die Verarbeitung des Roherzes zu einem siebzigprozentigen Konzentrat, einem Pulver namens Yellowcake, das sich in chemischen Anlagen weiterverarbeiten lässt. Eine solche Fabrik zur Herstellung von Yellowcake wird derzeit im iranischen Ardakan fertiggestellt. Was dann folgt, ist eine ganze Kaskade von Verarbeitungsprozessen, an deren Ende ein oberhalb von 56 Grad Celsius gasförmiges Produkt namens Uran-Hexafluorid (UF6) steht.

Für einen Großteil dieser Prozesse steht dem Iran eine Anlage in Isfahan zur Verfügung, die derzeit ausgebaut wird. Sie gilt bisher als wenig leistungsfähig. Derartige »Konversionsanlagen« sind allerdings auch keine Trivialität. Uran-Hexafluorid ist eine extrem giftige und aggressive Substanz, die ähnlich heftig mit Wasser reagiert wie Natrium. Seine Herstellung ist ein komplexer Vorgang, an dem weitere hochgefährliche Verbindungen beteiligt sind. Die Reaktionsprozesse müssen sehr genau gesteuert werden, denn ihr Ergebnis darf nur minimale Unreinheiten aufweisen, etwa Spuren von Lösungsmitteln oder gar die vermaledeiten Partikel aus Schwermetall, andernfalls gehen die teuren Zentrifugen kaputt, in denen später das Uran-Hexafluorid angereichert werden soll. In jedem Fall müssen die Zwischen- und Endprodukte mehrfach gereinigt werden; die chinesische

Technik aus den fünfziger Jahren, mit der der Iran dies lange Zeit versucht hatte, taugt zur Kümmernis iranischer Ingenieure nicht viel. Nachdem es der amerikanischen Regierung unter Bill Clinton vergönnt war, die Chinesen von weiterer Zusammenarbeit mit dem Iran auf diesem Gebiet abzubringen, testen dessen Kernchemiker seit einigen Jahren eine neue Klasse von Reinigungsgeräten.

Westliche Experten nehmen an, dass erst nach längerer Betriebserfahrung so viel Know-how akkumuliert sein dürfte, dass Isfahan dauerhaft und gleich bleibend UF6 von hoher Qualität liefern kann. Es war daher nicht unwichtig und mehr als bloß ein diplomatischer Affront, dass der Betrieb in Isfahan im Dezember 2005 wieder aufgenommen wurde.

Allerdings schätzen amerikanische Behörden, dass es dem Iran bisher auch an ausreichenden Mengen Fluors fehlt, um UF6 in größerem Stil herzustellen. Und auf dieses Uran-Fluor-Gas kommt es an. Denn während 99,28 Prozent seiner Moleküle das nicht spaltbare U-238 enthalten, ist am Großteil des Rests ein Atom des Spaltstoffs U-235 beteiligt, und das bedeutet: Die beiden Uran-Fluor-Verbindungen sind unterschiedlich schwer (die Sache wird dadurch vereinfacht, dass Fluor nur ein stabiles Isotop besitzt; der Gewichtsunterschied rührt also nur von den Uran-Isotopen her). Die unterschiedlich schweren Moleküle lassen sich physikalisch voneinander trennen (nicht chemisch, denn U-235 und U-238 haben ja, siehe oben, dieselbe Ordnungszahl), indem das Gas in sehr schnell laufende Zentrifugen eingeleitet wird. In ihnen konzentrieren sich die leichteren Moleküle wegen der Fliehkraft an den Rändern und können von dort abgesaugt werden.

Allerdings ist das Resultat immer noch eine Mischung, die sodann ein weiteres Mal zentrifugiert werden muss – und so weiter, man benötigt eine ganze Kaskade von Zentrifugen. Und weil die Trennleistung einer einzelnen Zentrifuge eher gering ist, muss man schon sehr viele Kaskaden gleichzeitig laufen lassen, um überhaupt auf eine nennenswerte Ausbeute zu kommen. Wie viele? Tausende! Die iranische Anreicherungsfabrik in Natanz soll in ihrer endgültigen Ausbaustufe rund 50000 Zentrifugen beherbergen.

Die Leistungsfähigkeit einer solchen Anlage hängt von der Art der Zentrifugen ab, die hinter den Fabrikmauern rotieren. In internationalen Dokumenten tragen die Zentrifugen Namen wie P-1, P-2 oder auch G-1. Der Buchstabe bezeichnet jeweils das Herkunftsland, P steht beispielsweise für Pakistan und G für Deutschland. Die Ziffer bezeichnet die Generation. Und die Generationen ergeben in der Tat einen wichtigen Unterschied. Zentrifugen der zweiten Generation nämlich sind »superkritisch«: Oberhalb einer bestimmten »kritischen« Drehgeschwindigkeit verhalten sie sich mit zunehmendem Tempo stabiler und verformen sich weniger und weniger. Das erlaubt eine sehr hohe Drehgeschwindigkeit, und die wiederum bestimmt die Leistungsfähigkeit einer Zentrifuge. Das erstaunliche, superkritische Verhalten eines solchen Geräts, das immerhin aus rund hundert verschiedenen Teilen besteht, wird durch spezielle Konstruktionsmerkmale (mit denen Eigenschwingungen gedämpft werden sollen) und Materialien (hochfeste Stähle, besser noch Faserverbundwerkstoffe) erreicht. Die modernsten Zentrifugen des Westens kommen auf Geschwindigkeiten von 700 Meter pro Sekunde (die Umdrehungszahl hängt natürlich vom Umfang ab). In Natanz stehen Zentrifugen vom Typ P-1, gefertigt aus Aluminium, Maximalgeschwindigkeit 200 Meter pro Sekunde – aber der Iran verfügt auch über Know-how und Materialien zum Bau von P-2-Zentrifugen, und einige der Geräte, die IAEA-Inspekteure im Lande besichtigten, ähnelten bereits diesem superkritischen Typ.

In einer voll ausgebauten Anreicherungsanlage durchläuft also das Gas diese parallel und seriell geschalteten Zentrifugen, bis der U-235-Anteil so weit aufkonzentriert ist, dass sich aus dem Gas ein technisch nutzbarer Feststoff herstellen lässt; in Kernkraftwerken ist dies meistens ein keramisches Uranoxid, in Waffen metallisches Uran. Für Kernkraftwerke eignet sich bereits ein Anreicherungsgrad von 3,5 Prozent U-235, für unzuverlässige Bomben genügen 20 Prozent, militärisch praktisch wird die Sache aber erst ab 90 Prozent. Die Prozentzahlen täuschen ein wenig, denn die ersten paar Prozent Anreicherung erfordern den Löwenanteil der Trennarbeit, der Rest ist nur noch ein bisschen Fortsetzung und Wiederholung.

Wer also eine zivile Anreicherungsanlage besitzt, der kann auch Bombenstoff produzieren. In Natanz stehen zurzeit erst einige hundert derartiger Zentrifugen; die Pilotanlage soll tausend umfassen; wenn die Produktionsanlage mit ihren 50000 Zentrifugen steht, könnte sie jedes Jahr 500 Kilogramm waffentaugliches Uran herstellen, das wäre genug für 25 Bomben.

Lässt sich abschätzen, wie viele Jahre der Iran von der Verfügung über Waffenuran entfernt ist? Das ist eine mehr als technische, es ist eine politische Frage, denn die Diskussion über Präventivschläge gegen den Natanz-Komplex wird auch davon bestimmt. Auftrieb bekommen hat die Diskussion um derartige Angriffe durch ein meist falsch wiedergegebenes Wort aus dem Munde Mohamed ElBaradeis, des Generaldirektors der Internationalen Atomenergiebehörde (IAEA) in Wien. Dem britischen *Independent* hatte er im Dezember 2005 gesagt, dass, sobald die Urananreicherungsanlage in Natanz vollständig aufgebaut und in Betrieb wäre, der Iran womöglich nur noch wenige Monate von der Verfügung über waffenfähiges Uran entfernt sei. In den daraufhin umlaufenden Presseberichten wurde allerdings nie gefragt, was »vollständig aufgebaut und in Betrieb« heißt, wie viel Zeit dafür zu veranschlagen wäre, bis es so weit ist, und wie lange es dauern dürfte, aus dem Uran einen einsatzbereiten Gefechtskopf herzustellen.

Diese Fragen lassen sich natürlich nur schätzungsweise beantworten, doch immerhin können solche Schätzungen plausible Untergrenzen angeben. Und auf diese kommt es in der Atomdiplomatie an, beschreiben sie doch ein Zeitfenster, das die Politik nutzen kann – und sei es nur, um es zu vergrößern.

Die offiziellen Pläne des Iran sehen vor, dass in Natanz so viel gering angereichertes Uran hergestellt wird, dass damit der Betrieb des demnächst in Buschir fertiggestellten Atomreaktors gewährleistet werden kann. Dafür sind nach iranischen Angaben jene geplanten etwa fünfzigtausend Zentrifugen herkömmlichen Designs notwendig. Experten des Institute for Science and International Security (ISIS), die von der europäischen Anreicherungsfirma Urenco veröffentlichte technische Angaben zugrunde legten, berechneten eine ähnliche Zahl. Auf der gleichen Grundlage kommen sie aber auch zu dem bereits erwähnten Ergebnis, dass sich mit fünfzigtausend Zentrifugen genügend hoch angereichertes Uran für fünfundzwanzig bis dreißig Atomwaffen pro Jahr produzieren ließe. Woraus sich ergibt, dass der Iran rund 1700 funktionierende Zentrifugen benötigt, um binnen eines Jahres Stoff für eine Bombe herzustellen.

Es wird geschätzt, dass der Iran derzeit über etwa siebenhundert Zentrifugen verfügt sowie über genügend Einzelteile, weitere tausend Stück zu bauen. Die bestehenden Zentrifugen sind aber bisher nicht zu einem Kaskadensystem zusammengefügt, mit dem die Produktion von angereichertem Uran in großem Stil beginnen könnte – einmal abgesehen von Testkaskaden. Die Technik erlaubt es auch nicht, dass die iranischen Ingenieure schon einmal mit einem System aus siebenhundert Zentrifugen anfangen könnten, um es dann Stück für Stück um neue Zentrifugen zu ergänzen. Der Weg zur Bombe, wenn der Iran ihn gehen wollte, wäre vielmehr dieser: Montage der etwa tausend weiteren Zentrifugen; die Verschaltung sämtlicher Systeme zu einer Gesamtanlage; Einbau der Steuerungselektronik; Installation der Zufluss- und Abflussysteme sowie der Sicherheitstechnik; anschließend Tests. Alles zusammen dürfte mindestens achtzehn Monate in Anspruch nehmen, schätzen die ISIS-Experten. Alsdann würde die Anreicherung beginnen und mindestens ein Jahr dauern.

In diese Berechnung geht freilich nicht ein, dass Irans Techniker wenig Erfahrungen mit alledem haben und dass auf dem Weg zum hoch angereicherten Uran etliche Probleme lauern. Anreicherungsanlagen sind störanfällig. Der Kaskadenaufbau bewirkt außerdem, dass eine zusammenbrechende Zentrifuge viele weitere in Mitleidenschaft ziehen kann. Derartige Systeme lassen sich nicht lediglich per Blaupause oder Handbuch aufbauen und betreiben; sie zu beherrschen setzt Erfahrung voraus.

Nehmen wir einmal an, der Iran könnte die Qualitäts- und Mengenprobleme mit dem Ausgangsstoff Uran-Hexafluorid parallel zum Aufbau und zur Inbetriebnahme einer 1700-Zentrifugen-Kaskade lösen, dann wäre die Annahme plausibel, das Land brauchte bis zur Verfügung über ausreichend waffenfähiges Uran mindestens drei, vermutlich aber fünf Jahre. Die Waffe selbst wäre damit freilich noch nicht gebaut – dazu später.

Jenseits der für Natanz vorgesehenen Zentrifugentechnik existieren weitere Methoden zur Urananreicherung. Die Zukunft könnte der Anreicherung mittels Laser gehören – auch mit ihr hat der Iran experimentiert. Ihr Prinzip besteht darin, dass die Frequenz von Laserlicht exakt auf Uran-Hexafluorid-Gasmoleküle mit U-235-Anteil oder auf U-235-Atome eines Urandampfes so abgestimmt wird, dass die Lichtenergie die gesuchten Partikel selektiv anregt; sie können dann mit physikalischen Methoden getrennt werden. Diese Technik verspricht auf längere Sicht weitaus kostengünstigere Anreicherung als die Zentrifugentechnik. Derzeit ist die Laseranreicherung, die sich noch im Entwicklungsstadium befindet, vergleichsweise teuer, verspricht aber einen politischen Vorteil: Ihre Anlagen nehmen weitaus weniger Platz ein als die Zentrifugenkaskaden; eine Laseranlage, die in ein normales Labor passt, könnte 25 Kilo bombentaugliches Uran pro Jahr herstellen und damit den Sprengstoff für eine Atombombe von vergleichsweise unaufwendigem Design.

Ein derartiger Laserkomplex ließe sich sehr wohl vor der IAEA verstecken. Die Tatsache, dass der Iran sich überhaupt mit dieser Technik beschäftigt hat, die derzeit noch wenig effizient und sehr teuer ist, weist auf das Selbstbewusstsein seiner Nuklearexperten hin – und gilt einigen Beobachtern als weiteres Indiz für den militärischen Charakter der iranischen Kerntechnik.

Es gibt einen zweiten Weg zu einer auf Kernspaltung beruhenden Atombombe: Plutonium. Dieser Stoff entsteht regelmäßig in Kernkraftwerken, und zwar dadurch, dass U-238-Atome Neutronen einfangen und ein Umwandlungsprozess eintritt (Transmutation genannt). Für Atombomben eignet sich Pu-239, allerdings fallen im Reaktor auch die anderen Plutonium-Isotope an, insbesondere das Isotop Pu-240, das schnell zerfällt und eine starke Neutronenquelle ist. Das wiederum bedeutet: Plutoniumbomben können nicht von dem simplen Konstruktionstyp sein, der im Falle von Uranbomben darauf beruht, dass zwei Massen zu einer kritischen Masse zusammengeschossen werden. Das Pu-240 würde in diesem Fall die Kettenreaktion zu früh in Gang setzen, und es käme zu keiner starken Explosion. Eine Isotopentrennung wie bei U-235 und U-238 wiederum wäre viel zu aufwändig, denn der Gewichtsunterschied zwischen Pu-239 und Pu-240 ist zu gering (dreimal geringer als beim Uran, wie ersichtlich). Deshalb können Plutoniumbomben nur als hoch komplizierte Implosionsbomben konstruiert werden, also als solche, die durch das Zusammenpressen extrem präzise gesteuerter Chemie und Elektronik gezündet werden. Das ist für Bombenbauer der große Nachteil des Plutoniums.

Ein weiterer Nachteil besteht darin, dass Brennelemente im Atomkraftwerk, aus denen man Waffenplutonium gewinnen will (also solches mit relativ günstiger Verteilung von Pu-239 und Pu-240), nur kurze Zeit bestrahlt werden dürfen. In einem international überwachten Reaktor muss man schon ziemlichen Aufwand zur Täuschung und Tarnung betreiben, damit die verkürzte Einsatzzeit eines Brennelements (wenige Wochen anstelle vieler Monate) nicht auffällt. Wer sich solche Manöver nicht leisten kann oder will, muss sich mit Plutoniummischungen zufrieden geben, aus denen sich nur schwächere Bomben herstellen lassen – und das bei größerem technischen Aufwand, den Explosionsstoff schnell genug zu komprimieren und nach der Zündung einigermaßen beieinander zu halten, damit die Detonation nicht verpufft.

Es gibt Reaktoren, die sich weitaus besser als die derzeit weltweit üblichen so genannten Leichtwasserreaktoren zur Herstellung von Plutonium eignen: Schnelle

Brüter und Schwerwasserreaktoren. Für die Zwecke dieses Buches reicht es aus zu wissen, dass in beiden Reaktortypen der Umwandlungsprozess von U-238 in Pu-239 keine Nebensache ist, sondern zu den tragenden Prinzipien gehört. In militärischen Atomprogrammen, die auf Plutonium gründen, werden daher vorzugsweise diese beiden Typen verwendet. Anzunehmen ist, dass die Technik des Schnellen Brüters auch für ein technisch so fortgeschrittenes Entwicklungs- oder Schwellenland wie den Iran derzeit noch zu kompliziert und kostspielig ist.

Die iranische Regierung hat allerdings im Jahr 2002 eingeräumt, dass sie acht Jahre lang heimlich an einem Schwerwasserreaktor in Arak sowie ganz in der Nähe an einer Fabrik zur Herstellung Schweren Wassers gearbeitet hatte; unter »Schwerem Wasser« wird eine Wassermischung mit erhöhtem Anteil solcher H_2O-Moleküle verstanden, in denen anstelle des normalen Wasserstoffs, dessen Kern nur aus einem Proton besteht, die Isotope Deuterium oder Tritium beteiligt sind: In ihrem Kern finden sich außer dem Proton noch ein oder zwei Neutronen. In dem Schwerwasserreaktor, der angeblich Forschungszwecken dient, soll Urandioxid eingesetzt werden; eine mit Schwerem Wasser moderierte Kettenreaktion ist in der Lage, waffentaugliches Plutonium hervorzubringen. Teheran behauptet, auch die Schwerwassertechnik nur für ihre Eignung zur Stromproduktion prüfen zu wollen. Widerlegen lässt sich das bisher nicht, gleichwohl würde diese Technik dem Land eine zusätzliche Option für die militärische Nutzung der Kernenergie verschaffen.

Zu bedenken ist freilich, dass militärisch nutzbares Plutonium keineswegs fix und fertig aus Kernreaktoren gleich welchen Designs kommt; vielmehr muss nach der Bestrahlung der Brennelemente noch ein chemischer

Prozess in Gang gesetzt werden, um das Plutonium aus dem Gemisch der radioaktiven Materialien herauszutrennen. Zwar gibt es Designstudien aus Amerika, die nahe legen, dass eine solche Wiederaufarbeitungsanlage für militärische Zwecke keineswegs ein gigantisches Industriegebäude füllen muss – dennoch, sie heimlich einzurichten ist schwierig und sie zu betreiben erst recht, wegen ihrer charakteristischen Emissionen in die Umwelt.

Letztlich ist der Weg zur Bombe über das angereicherte Uran der einfachere. Immerhin ist es ein Weg, für den kein Atomreaktor vonnöten ist – das wusste auch Iraks Diktator Saddam Hussein, als er sich nach der Zerstörung seines Kernreaktors Osirak durch israelische Kampfflugzeuge im Sommer 1981 daran machte, sein Waffenprogramm mittels Urananreicherung anstatt mit Plutonium fortzuführen. Überdies muss eine Uranwaffe des »Kanonenkugel-Typs« nicht mehr getestet werden: Man weiß einfach, dass sie funktioniert.

Womit nicht gesagt werden soll, dass ihre Herstellung ein Kinderspiel sei. Denn selbst wenn die Anreicherungstechnik qualitativ und quantitativ ausreicht, dermaßen große Mengen von Waffenuran herzustellen, dass ein simples Design genügt – selbst dann ist erhebliches Know-how vonnöten, noch dazu eines, das nicht aus Lehrbüchern oder Konstruktionszeichnungen abgeleitet werden kann. Das fertigungstechnische Wissen über die Feinheiten der Metallurgie und die Handhabung ist typischerweise das, was Wissenschaftstheoretiker »tacit knowledge« nennen, »schweigendes Wissen« also, das aus Erfahrung besteht und sich selten nur im Kopf eines Einzelnen befindet, sondern vielmehr ein auf ganze, oft größere Kollektive verteiltes Handlungswissen ist. Es mag daher zwar sein, dass der pakistanische Kernwaffenspezialist Q. Khan dem Iran sogar Unterlagen zur Herstellung von Atomsprengköpfen hat zukommen lassen (es ist die Rede von Konstruktionsplänen zur Produktion von Halbkugeln aus Uran) – aber auch das würde nicht ausreichen, die iranische Bombe zu bauen. Ohne eine weit gefächerte nationale Wissensbasis kann es sie nicht geben, es sei denn, man kauft sie fix und fertig woanders ein (das wäre die Option, die den schwerreichen Saudis offen steht, sollte es in der Region zu einem nuklearen Wettrüsten kommen).

Sämtliche Atomwaffenprogramme, das amerikanische, russische, chinesische, britische, französische, indische, pakistanische, brasilianische, südafrikanische oder sogar das nordkoreanische, sind bisher in Wahrheit internationale gewesen – die Ausnahme ist das Atomwaffenprogramm der Nazis, das bekanntlich nichts Nennenswertes zustande brachte. Nein, ohne die Mobilisierung international verteilten Wissens kommen militärische Atomprogramme nicht aus; Spötter innerhalb der Wiener Atomenergiebehörde IAEA sagen übrigens, dass die Mitgliedschaft in ihrer »Agency« die beste Voraussetzung dafür sei, an dieses Wissen zu gelangen. Für den Iran bedeutet dies, dass auch er sich internationaler Kooperation versichern müsste, um eine Bombe zu bauen. Wer käme da in Frage? Das von Pakistan aus geknüpfte Netzwerk sicherlich. Frei vagabundierendes Know-how aus abgewickelten Kernlaboren der ehemaligen Sowjetunion käme womöglich hinzu, nordkoreanisches ebenso, und in hohem Maße undurchsichtig ist die physikalische Zusammenarbeit mit China.

Mit anderen Worten: Dem Iran stünden sehr wohl Helfer zur Verfügung, und wer ihn an nuklearer Rüstung hindern will, muss ihm diese Quellen verstopfen – mit Polizeiarbeit und umsichtiger Bündnispolitik zugleich.

Mit der Bombe allein ist es indessen nicht getan: Sie

muss auch am richtigen Ort gezündet werden können. Das ist die Frage nach dem Trägersystem und danach, ob die Bombe an dieses System angepasst werden kann. Im Falle des Iran kommen drei Trägersysteme in Frage: ballistische Raketen, Marschflugkörper (Cruise Missiles) und – die Hesbollah. Die vorwiegend im Libanon, aber auch international operierende Organisation hat im Iran eines ihrer wichtigsten Rückzugs- und Führungsgebiete und wird dort von Teilen der Machtstruktur unterstützt. Sie könnte im Ernstfall primitive Kernsprengsätze, die zwar nicht auf eine Rakete, wohl aber in einen Frachtcontainer passen, an geeignete Ziele bringen.

Über die strategischen Raketen des Iran – die Shahab-3 und die in der Entwicklungsphase befindliche Shahab-4 – ist viel geschrieben worden; derzeit kann der Iran mit dieser Technik einen Radius von 1500 Kilometern abdecken, also beispielsweise Indien, Israel, ganz Arabien sowie die Türkei einschließlich ihres europäischen Teils erreichen. Shahab-4 ist sogar als Bedrohung für Europa bezeichnet worden. Doch im März 2005 stellte sich nach Aussagen des ukrainischen Präsidenten Juschtschenko heraus, dass die Vorgängerregierung in Kiew zwölf Cruise Missiles vom Typ X-55 in den Iran verkauft und geliefert hatte. Deren Reichweite beträgt dreitausend Kilometer, und sie sind ausgelegt für Atomsprengköpfe. Und wieder sind Kenntnisse wichtiger als Hardware: Es geht das Gerücht, dass iranische Techniker bereits drauf und dran seien, diese Raketen nachzubauen. Indes, wer Atomsprengköpfe bauen kann und über Trägersysteme verfügt, muss noch eine weitere Hürde nehmen: die tödlichen Ladungen passend machen. Die Miniaturisierung von zündbaren Nuklearsprengkörpern ist eine Ingenieurwissenschaft für sich, die ein weites Spektrum von Kenntnissen und Erfahrungen voraussetzt. Fotoanalysen der jüngsten Shahab-3-Versionen legen jedenfalls nahe, dass ihr Gefechtskopf nur Platz für Atombomben hat, deren Miniaturisierung das derzeit geschätzte iranische Know-how weit überfordern würde.

Von der Kapazität, Uran anzureichern, bis zur Bombe ist es also mehr als nur ein Schritt – und doch: Der schwierigste Schritt ist die Gewinnung des Spaltstoffs (Uran oder Plutonium), und wer ihn beherrscht, dessen politisch-militärisches Gewicht steigt im globalen Strategiespiel. Scott Peterson, ein glaubwürdiger Journalistenkollege vom *Christian Science Monitor*, zitiert in diesem Zusammenhang den der Regierung nahe stehenden Politologen Nasser Hadian-Jazy von der Universität Teheran mit den Worten: »Wir leben in einer Umwelt, in der die Fähigkeit zur Anreicherung ein Abschreckungsfaktor ist. Für uns ist das viel einfacher, als die Bombe zu besitzen.« Zu diesem Schluss kommt auch George Perkovich vom Carnegie Endowment for International Peace, einem Think Tank in Washington. Ihm zufolge will der Iran auf dem Nuklearweg ein strategisches Gewicht wie Japan erlangen, das aufgrund der ihm zur Verfügung stehenden Mengen spaltbaren Materials gewissermaßen ein latenter Kernwaffenstaat geworden sei, ohne dass es dazu irgendeine internationale Regel brechen musste.

Diesen Machtstatus könnte man Stufe zwei nennen; auf der ersten Stufe befindet sich der Iran zurzeit: Das Land hat das Potenzial, diesen Status zu erreichen. Stufe drei wäre der Übergang zum Kernwaffenstaat.

Man kann guten Gewissens schätzen, dass der Iran von einer einsatzfähigen Kernwaffe mehr als fünf und weniger als zehn Jahre entfernt ist. Wichtiger aber ist die Erkenntnis, dass das Land kurz davor steht, als latenter Kernwaffenstaat der Stufe zwei zur Spitze der Regionalmächte aufzuschließen.

3 Die Atomdetektive aus Wien

Was die IAEA weiß

Wien ist eine sanfte Stadt. Doch hinter ihrer ausladenden historischen Kulisse geht es hart zur Sache. Das war schon in der Zeit des Kalten Krieges so. Damals war Wien eine Hauptstadt der Geheimdienste von Ost und West. Viele internationale Organisationen hatten in Österreichs Kapitale ihren Sitz genommen, und man traf sich auf deren Fluren oder in den Kaffeehäusern, um den einen oder anderen Deal abzumachen.

Dabei ist es geblieben. Nur werden heutzutage andere Konflikte ausgefochten und ausgehandelt. Einer der brenzligsten dreht sich um die Frage, wer das Nuklearwissen zu welchen Zwecken verwenden darf. Ort der Verhandlungen ist ein riesiger, hellgrauer Gebäudekomplex im Nordosten der Stadt, das Hauptquartier der International Atomic Energy Agency, der Internationalen Atomenergiebehörde IAEA. Endlose Flure, in denen sich der unerfahrene Besucher leicht verläuft. Und der große Sitzungssaal, die Rotunde, gehalten im Stil der sechziger Jahre, in dem mehrmals im Jahr die »Governors« zusammenkommen, die Vertreter der Staaten, die sich an der IAEA beteiligen. Ihnen erstattet der IAEA-Generaldirektor Bericht.

Beispielsweise dann, wenn seine rund sechshundert Inspekteure wieder etwas herausgefunden haben, das den anderen Nationen zur Kenntnis gegeben werden muss. Und das ist mittlerweile fast jedes Mal der Fall. Nicht etwa nur deswegen, weil mehr Nationen als noch vor ein, zwei Jahrzehnten nach nukleartechnischen Kapazitäten streben und es – mal aus Nachlässigkeit, mal aus Absicht – versäumen, ihre Aktivitäten vollständig nach Wien zu melden, sondern auch deshalb, weil die IAEA ihnen dies heute besser nachweisen kann als damals.

Um das zu verstehen, muss man dem Betoncampus an der Donau den Rücken kehren, das Zentrum der Stadt durchqueren und sie in südlicher Richtung verlassen, bis ein Ort namens Seibersdorf auftaucht, Standort des Laborzentrums der IAEA.

Wochen gibt es, da wird hier durchaus normal gearbeitet. Anlagen justieren, Messwerte vergleichen, an Berichten schreiben, mit Kollegen in aller Welt E-Mails austauschen, abends alles gut wegschließen. Forscheralltag. Dann aber kommen wieder Zeiten, in denen ohne Unterlass weiße Plastiktüten nach Seibersdorf gebracht werden. Darin befinden sich Proben, die untersucht werden sollen, bis zu zwanzig Stück am Tag. Pausenlos müssen Objektträger präpariert, Geräte gesteuert, Messwerte formatiert werden, und immer wieder kommen Anfragen: Könnt ihr noch mal hier nachsehen und dort prüfen? Zwar sind die Einsendungen anonymisiert, keine der Zahlen auf den Beuteln sagt den Wissenschaftlern, was sich darin befindet. Doch jeder weiß Bescheid: Bis auf ein paar Kontrollproben stammt das Zeug aus ganz bestimmten Ländern, um deren Atomprogramm gerade gestritten wird. Seit einigen Jahren heißt dies zumeist: aus dem Iran.

Der Tüteninhalt sieht unspektakulär aus. Es sind kleine, benutzte Wischtücher. Mit ihnen putzt der Atominspekteur in der zu kontrollierenden Anlage verdächtige Flächen ab. Das klingt primitiv, ist aber nur die Low-Tech-Attacke in einem High-Tech-Feldzug. Der beginnt mit Satellitenaufklärung, die den Weg zu kritischen Einrichtungen weist, und endet mit den extrem zuverlässigen Nachweistechniken im IAEA-Labor von Seibersdorf. Dort ist die Gerätebatterie der Atomdetektive in einem so genannten Reinraum aufgereiht, dessen Luft permanent filtriert wird, damit kein fremdes Stäubchen die Spuren von Nuklearvergehen verwischt. Vor dem Eingang liegen Schuhe, hastig abgestreift.

Die Anlage wurde überwiegend durch Sonderzuwendungen der Vereinigten Staaten finanziert. Sie ist der Stolz der IAEA: Hier macht Physik Politik.

Eines der wichtigsten Instrumente ist das Rasterelektronenmikroskop. Sein wandernder Elektronenstrahl sucht Partikel, die Uran oder Plutonium enthalten. Ein Körnchen mag kleiner als ein Tausendstel Millimeter sein, der Rasterstrahl findet es doch und ertastet dessen Größe und Geometrie. Außerdem provoziert der Elektronenbeschuss eine charakteristische Röntgenstrahlung des Materials, sodass sich Uran oder Plutonium identifizieren lässt. Ist eines dieser Elemente entdeckt, bugsieren die Seibersdorfer Spurensucher die einzelnen Partikel Stück für Stück in Maschinen, die herausfinden, ob es sich etwa um hoch angereichertes Uran handelt oder welche Plutonium-Isotope das Partikel enthält. Aus der Zusammensetzung lässt sich ermitteln, wie das strahlende Material zustande gekommen ist – und ob vermutet werden muss, dass, beispielsweise, ein Kernreaktor natürliches Uran in Waffenplutonium verwandelt.

Im Normalfall dauert es drei Wochen, bis eine Probe von sämtlichen Geräten beäugt wurde. Anschließend werden die Daten mit denen aus Labors anderer Länder verglichen, die ebenfalls Wischproben aus der fraglichen Anlage analysiert haben; außerdem werden Physikbücher gewälzt, Expertisen eingeholt, Datenbanken konsultiert. Das kann sich monatelang hinziehen. »Sie müssen sich das so vorstellen«, sagt Diane Fischer, eine Amerikanerin, die aus der Atomwaffenforschung kommt: »In der Innenstadt Wiens liegt irgendwo eine Glasmurmel« – jetzt kramt sie sogar eine aus der Jackentasche hervor –, »und die müssen Sie finden. Unter vielen anderen Murmeln, die auch noch dort herumliegen.« Eine Suche, die ihr offenbar Freude bereitet. Zwar wissen die IAEA-Inspekteure, dass sie Weltbedeutendes tun, aber sie finden es auch spannend, Tätern auf die Spur zu kommen, und grinsen verschmitzt, wenn sie schildern, wie sie verblüfften Staatsvertretern ihre Indizien präsentieren. Tja, sagen Augen und Gestik, man sollte die alte Tante IAEA nicht länger unterschätzen.

Die Behörde ist in der Tat eine andere geworden. Gegründet wurde sie, um weltweit den Gebrauch der Kerntechnik zu regulieren. Und ihre Existenz war von Anfang an immer nur die zweitbeste Lösung.

Ihre Vorgeschichte begann am 16. Juli 1945. An diesem Tag explodierte die erste Atombombe. Dem oberirdischen Trinity-Test in der Wüste bei Alamogordo folgte drei Wochen später die Vernichtung der beiden japanischen Städte Hiroshima und Nagasaki. Bei dem Angriff kamen Hunderttausende Menschen ums Leben. Die Vereinigten Staaten, die gerade zusammen mit Großbritannien und der Sowjetunion den Faschismus und Nationalsozialismus in Europa besiegt hatten, luden damit schwere Schuld auf sich, denn das faschistische Japan hätte nicht nur auf diese entsetzliche Weise endgültig geschlagen werden können. Memoiren Beteiligter deuten darauf hin, dass der Einsatz der beiden Bomben vielmehr darauf zielte, die Machtverhältnisse nach dem Zweiten Weltkrieg zu beeinflussen.

Die Trinity-Bombe hatte eine Sprengkraft von 20 kT,

die von Hiroshima 13 kT. In den folgenden Jahren wurden Atomwaffen entwickelt, deren Explosionsstärke von wenigen hundert Kilogramm TNT bis zu mehreren Millionen Kilotonnen reicht (also Milliarden Kilogramm TNT).

Bereits im Jahre 1945 warnten in den Vereinigten Staaten einige Politiker, diese Vernichtungswaffe könnte die Menschheit an den Abgrund ihrer Existenz führen – denn es war klar, dass die USA kein Monopol auf Kernwaffen halten konnten. Im Jahr 1946 unterbreiteten die Vereinigten Staaten daher den Vereinten Nationen den Baruch-Plan, den der amerikanische Außenminister Henry Kissinger 1975 noch einmal aufgriff: Alle Materialien, aus denen sich eine Atombombe fertigen ließe, und ebenso alle Anlagen zu ihrer Herstellung sollten internationales Eigentum werden. Ein Gedanke, der seit 2003 seine dritte Auferstehung erlebt – Mohamed ElBaradei, Generaldirektor der IAEA, will seiner Behörde das Eigentum an allen Kernbrennstoffen übertragen lassen; diese sollen dann in multinationalen »regionalen Zentren« verarbeitet werden.

Der Plan klingt gut, scheiterte in der Vergangenheit aber an den Russen und wird heutzutage von Ländern wie Brasilien blockiert, die demnächst ihre Uranvorkommen gewinnbringend veredeln wollen. Auch die Deutschen, wie die Briten und Niederländer an dem Urananreicherungsunternehmen Urenco beteiligt, verdienen an der Aufbereitung von Uran und sind wenig geneigt, ihr Wissen mit anderen Teilnehmern an »regionalen Zentren« zu teilen.

Der Baruch-Plan ging damals nicht auf, und ob seine Grundidee Zukunft hat, ist ungewiss. Nach dem Scheitern ihrer Idee gingen die Vereinigten Staaten einen anderen Weg und überzeugten die Welt vom »Atomwaffensperrvertrag«. Er wurde 1968 unterzeichnet und ist ein Abkommen, das lediglich den Atommächten USA, Russland und Großbritannien den Besitz von Kernwaffen zugesteht (1992 kamen noch China und Frankreich hinzu), sie zur Abrüstung verpflichtet und dazu, den Staaten, die über keine Kernwaffen verfügen, bei der Nutzung der Kernenergie zu friedlichen Zwecken zu helfen. Die Internationale Atomenergiebehörde in Wien wurde beauftragt, diese Hilfe zu koordinieren und die nötigen Kontrollen durchzuführen. Kommt es zu Konflikten, die sich innerhalb der IAEA nicht lösen lassen, wird der Sicherheitsrat der Vereinten Nationen eingeschaltet. Außerhalb dieses Kontrollsystems existieren weitere Institutionen, die den Export von potenzieller Kernwaffentechnik kontrollieren und den Schmuggel solchen Materials bekämpfen sollen (der »Londoner Club«, die »Proliferation Security Initiative« und andere).

Nach dem Inkrafttreten der Regeln im Jahr 1970 reisten IAEA-Inspekteure von Anlage zu Anlage und führten Buch. Ihre Möglichkeiten indes waren begrenzt; überwacht werden durfte nur, was die Mitgliedsstaaten pflichtschuldig angemeldet hatten.

Es war die heroische Zeit der Kernenergie. Von ihr zeugt die himmelwärts strebende Architektur der IAEA-Gebäude. Lang ist's her. Zwar wird die Kernkraft weltweit wieder ausgebaut, aber es hat das Unglück von Tschernobyl und einige Beinahe-Unfälle gegeben. Außerdem ist die Zahl der Atomwaffenmächte außerplanmäßig gestiegen: Indien und Pakistan gehören erklärtermaßen dazu, Israel unzweifelhaft auch, alle drei keine Partner des Sperrvertrags. Nordkorea wiederum hat den Vertrag gekündigt und droht mit Kernwaffen.

Der eigentliche Schock war indes der Irak, ein Vertragspartner der IAEA, der bis zum ersten Golfkrieg 1991 trotz Überwachung ein Atomwaffenprogramm entwickeln konnte. Kein Wunder, dass die UN sich fortan nicht mehr auf die Behörde allein verlassen wollten und eigene, nach schärferen Richtlinien vorgehende Inspektorengruppen in den Irak sandten.

Die IAEA reagierte auf diese Krise in doppelter Weise. Erstens verfasste sie ein Konzept erweiterter Kontrollen und wirbt nun seit 1997 unter ihren Vertragsstaaten dafür, sich diesem »Zusatzprotokoll« zu unterwerfen. Und zweitens nutzte sie die neu entstandenen technischen Mittel: Satellitenfernerkundung und Internet steigern die Aufklärungsfähigkeit; technische Informatik und Mathematik verfeinern die Analyse. Doch Technik ist nicht alles. In Wien spricht man vom »Kulturwandel«, der sich etwa in der Personalpolitik niederschlug. »Wir stellen jetzt auch Ermittler ein, Zollfahnder, erfahrene Einsatzkräfte«, sagt ein Inspekteur, »und wir trainieren unsere Beobachtungsgabe.«

Es kommt der »Agency« zugute, dass sie eine internationale Institution ist. Anders als die von amerikanischen Instanzen dominierte Inspektionstruppe der UN im Irak (UNSCOM) bestehen ihre Prüfteams nicht zuletzt aus Leuten, die sich mit der Mentalität ihres Gegenübers gut auskennen. Unter ihnen befindet sich beispielsweise ein pakistanischer Experte, der es seinen iranischen Kollegen an der Nasenspitze ansieht, wenn sie ihn reinlegen wollen. Und der Chef der Behörde, Mohamed ElBaradei, ist erst recht jemand, der in Verhandlungen sehr genau registriert, wenn jemand versucht, ihm ein X für ein U vorzumachen.

Der Ägypter ist eine der Schlüsselfiguren der iranischen Nuklearkrise. Und er ist ein Phänomen. In dem Privatclub neben dem Wiener Justizpalast, wo sich die ägyptische Szene der Stadt zum Spielen und Plaudern trifft, wird man ihn nicht finden. »Der kommt nicht einmal in die Moschee«, heißt es. »Muss er als Muslim auch nicht«, entgegnet ein Bekannter der Familie und ergänzt: »Sie werden in ganz Wien keinen einzigen Ägypter finden, der sagt, dass er seinen Job ElBaradei verdanke.«

So soll es sein. Es gibt wohl nur wenige diplomatische Ämter, die so viel Takt und Genauigkeit verlangen wie das des Director General, des »Dee Gee«, wie man ihn in der »Agency« ehrfurchtsvoll nennt. Der Mann muss Tag für Tag Erstaunliches leisten. Die Contenance bewahren, wenn ein Mullah erklärt, die Vereinbarkeit von Atominspektionen mit der Scharia sei ungeklärt. Sachlich bleiben, wenn die Unterstellung geäußert wird, als Ägypter sei er in Nahostfragen parteiisch. Bemessenen Abstand halten, wenn Araber ebendies von ihm erwarten. Den Deutschen erklären, warum selbst ihre durch und durch zivilen Atomanlagen inspiziert werden müssen. Den Osteuropäern nahe bringen, weshalb die Sicherheit ihrer AKW keine innere Angelegenheit ist.

Und immer auf die Feinheiten achten. Nuklearfragen sind heikel, Fehler können tödlich sein. Während der Irak-Krise ging ElBaradei so weit, nahöstlichen Medien Interviews in Arabisch zu verweigern. Er ist dermaßen sprachbewusst, dass Mitarbeiter von ihm sagen: »Haben Sie's gemerkt? Er redigiert sich selbst beim Sprechen.«

Gelernt ist gelernt. Seit über vierzig Jahren ist der Mann Diplomat. Als frisch gebackener Jurist aus Kairos bester Gesellschaft trat er schon mit 22 Jahren in den Dienst des ägyptischen Außenministeriums; das war 1964. Sein Weg führte ihn sogleich an die Ständige Vertretung seines Landes bei den Vereinten Nationen. Aus der Ferne musste er das Desaster von Nassers Panarabien-Politik mit ansehen, die in der traumatischen Niederlage des Sechs-Tage-Krieges 1967 gipfelte. Diese Jahre, sagt er, hätten ihn gelehrt, dass man stets »das Gebiet der Übereinstimmung erweitern« müsse. Und da war noch mehr; er erlebte Amerikas Außenminister Henry Kissinger und all die anderen Größen der Weltpolitik, und er lernte, wie ihre Institutionen funktionieren – bis hin zum UN-Sicherheitsrat.

Auf den Partys der IAEA, wenn er denn zugegen ist, findet man den »Dee Gee« am Rande stehend anstatt mittendrin, und als ihm einmal der Sahneposten der ägyptischen Diplomatie angeboten wurde – Botschafter in Washington –, warnte ein Freund: »Weißt du, wie viele Dinnerpartys dir da blühen?« Er blieb in Wien. Dort ist er stark. 2005 wurde ihm und seiner Behörde der Friedensnobelpreis verliehen.

Sie galten übrigens schon im Jahr davor als Favoriten für diese Auszeichnung. Das wäre auch der bessere Zeitpunkt gewesen, sie zu ehren. Damals glomm ein Funken Hoffnung, dass die große Revisionskonferenz in New York, die eigentlich den Atomwaffensperrvertrag reformieren sollte, wenigstens irgendetwas zustande bringen könnte. Den ganzen Mai des Jahres 2004 über berieten am Sitz der Vereinten Nationen die 188 Staaten, die den Atomwaffensperrvertrag unterzeichnet hatten, über dessen Reform, genauer: über seine Rettung. Und über die Gefahr, dass in den kommenden zehn, fünfzehn Jahren der Iran und andere Staaten Nuklearmächte werden – und die Welt in eine Zeit der Konflikte eintritt, die unversehens in Atomkriege umschlagen können.

Etliche Ideen für eine Reform des Vertragswerks drehen sich um die Frage, wie ein zweites Nordkorea verhindert werden könnte: dass also ein Staat ganz legal Atomtechnik entwickelt und sich dann per Kündigung aus dem Sperrvertrag verabschiedet, um sie militärisch zu nutzen. An der Austrittsregel muss sich also unbedingt etwas ändern. Etwa so: Wer austreten will, soll alles spaltbare Material herausrücken oder weiterhin

IAEA-Kontrollen zulassen. Oder sich auf einer Sonderkonferenz rechtfertigen – oder vor dem Sicherheitsrat erscheinen. Im Gespräch ist außerdem eine Regel, nach der ein Land sein vertragliches Recht auf Kerntechnik zeitweise oder ganz verwirkt, wenn es seinen Pflichten zur Offenlegung nicht nachkommt. Auch sein Kündigungsrecht könnte dann verfallen. Eine Regel, die sich durchaus auf den Iran anwenden ließe.

Die Bush-Regierung zeigte sich an derartigen Reformen durchaus interessiert. Der allzu laxe Austrittspassus im Sperrvertrag war 1968 ohnehin gegen den Willen Amerikas in den Vertrag aufgenommen worden, als Konzession an Japan und Deutschland, die um ihre Souveränität besorgt gewesen waren. Die Konferenz in New York war indes zum Scheitern verurteilt. Dazu hat nicht zuletzt die amerikanische Haltung beigetragen, die von einem US-Delegierten mit dem Satz umschrieben wurde: »Abrüstung war gestern, heute geht es um Proliferation.«

Doch der Sperrvertrag verpflichtet die Atommächte sehr wohl, sich um Abrüstung zu bemühen. Zwar weisen insbesondere die USA und Russland darauf hin, dass sie Arsenale abgebaut hätten, aber ganz aufrichtig ist das nicht. Außer Dienst gestellt wurden nämlich solche Waffen, deren Wartung sich nicht mehr lohnt oder die demnächst ersetzt werden sollen: durch eine neue Generation von Waffen, deren Wartung weniger aufwändig ist – und die schneller scharf gemacht werden können. Man kann also nicht behaupten, dass die amerikanische Politik gegenwärtig das politische Gewicht des Besitzes von Atomwaffen vermindere. Nordkoreas Diktator Kim Jong Il hat das Signal gut verstanden. Zurzeit torpediert Washington sogar das Zustandekommen eines Abkommens, das Kernwaffentests verbietet, und eines Vertrags, der die Produktion zusätzlicher Mengen waffentauglichen Kernmaterials untersagt.

Einwenden ließe sich, dass derartige Kritik an den Kernwaffenstaaten nur vorgeschoben sei: Länder wie Malaysia, die zu den Anführern der Kritiker gehören, hätten schließlich nie und nimmer einen Atomschlag zu fürchten. Aber ihnen geht es um etwas anderes. Sie wollen aus Prinzip nicht hinnehmen, dass ein Vertrag nur sie und nicht auch die Großen mit Pflichten belastet. Und schon gar nicht, dass man ihnen in die Nutzung ökonomisch attraktiver Technik hineinredet. Hinter dem Streit um den Atomwaffensperrvertrag lauert mithin ein weiterer Drache: der Konflikt zwischen den Großmächten und jenen, die welche werden wollen.

In New York ging man ergebnislos auseinander. Anschließend intrigierte die amerikanische Diplomatie gegen ElBaradei, um zu verhindern, dass dieser sein Amt ein drittes Mal anträte. Zu hartnäckig hatte er sich nach dem Geschmack der US-Diplomatie darauf versteift, erst alle der IAEA zur Verfügung stehenden Mittel auszuschöpfen, bevor der Sicherheitsrat eingeschaltet werden sollte – und auch, dass er stets an der Formulierung festhielt, man könne dem Iran den militärischen Zweck des Atomprogramms nicht schlüssig nachweisen, erboste die Amerikaner immer wieder. Der Ägypter behauptete seine Position. Seither, so wird in dessen Umgebung gewitzelt, kann George W. Bush das Wort »IAEA« aussprechen.

Sie sind stolz auf ihren DG, die IAEA-Leute. Sosehr der Chef auf Distanz hält, seiner knapp 25 Personen zählenden Entourage ist er zugänglich. Montags gilt die Regel, dass seine Mitarbeiter jederzeit ohne Voranmeldung in sein Arbeitszimmer kommen dürfen. Und wenn eine Rede auszuarbeiten ist oder ein Artikel, dann lässt der gewiefte Jurist die Entwürfe kreisen, bis jedes Wort sitzt – zuweilen nach zwanzig Versionen. Ein einziges

Wort kann entscheidend sein für Krieg und Frieden, ihm ist das bewusst.

Mancher in der Wiener Behörde erinnert sich wehmütig an seinen Vorgänger Hans Blix. Traf der untersetzte Schwede im Aufzug eine Sekretärin, so wünschte er ihr einen guten Tag, den sie dann auch garantiert hatte. Gern wanderte Blix in den Gebäuden umher, stellte sich an der Kaffeemaschine an und quatschte mit den Leuten. ElBaradei dagegen lässt sich schon mal einen Aufzug reservieren, mit dem er aus der Tiefgarage solo in den achtundzwanzigsten Stock fährt – wo er dann überwiegend bleibt, den Massen im Gebäude nur als Foto auf der internen Website »DG online« präsent, die ihm zur Mitteilung seiner Reden und Reisepläne dient. Derlei Beobachtungen gibt es viele, von Menschen, die den alten Zeiten nachtrauern, in denen nur Gutes von der Kernenergie zu kommen schien. Zwar befürwortet auch der Ägypter die Kernkraft, doch die Zeit des nuklearen Hurras ist vorbei und der Wiener Hochhauskomplex ein Ort der minutiösen Prüfung geworden. Und der Vielstimmigkeit.

Die Rede ist von einer Mammutbehörde mit mehr als 2200 Mitarbeitern, personell ausgestattet von über hundert Nationen (»Babylon«, sagt der Chef), durchzogen von Fraktionen und Seilschaften. Aber der Generaldirektor tut bereits länger Dienst als fast jeder andere Mitarbeiter; »er kennt alle Tricks«, heißt es. Der aus der Nähe manchmal sogar weich wirkende Mann findet eine glasklare Sprache, wenn es sein muss, nach innen wie nach außen.

Zu Unrecht hat man versucht, ihm den Spitznamen »Chamäleon« anzuhängen. Haften blieb das nicht. Unnachgiebigkeit zeigte er gegen Saddam Hussein, aber ebenso, als er klarstellte, dass die Inspekteure dem Diktator die Wiederaufnahme des Atomprogramms nicht nachgewiesen hatten. »Sein Selbstbewusstsein ist seither nur gewachsen«, sagt jemand, der ElBaradei aus der Nähe kennt. Es scheint ihm nachgerade Spaß zu machen, im politischen Streit auf Fakten zu pochen, die niemand hinwegfabulieren kann. Verärgerung zeigt er zuweilen auch, wohldosiert natürlich. Richtig wütend wurde er, als ihm die Nordkoreaner nachsagten, ein CIA-Agent zu sein. Er ist eben doch nicht der Diplomatieroboter, als der er im Fernsehen manchmal erscheint. Weit über sein Mandat hinaus bittet man ihn um Rat.

Ein würdiger Nobelpreisträger also. Und das Preisgeld kann seine Behörde gut gebrauchen, auch wenn es im Verhältnis zu ihren Finanznöten nicht ins Gewicht fällt. Das reguläre Budget der IAEA stagnierte zwanzig Jahre lang und wird seit kurzem nur aufgrund amerikanischen Drucks erhöht. Ohne die Sonderzahlungen des Hauptfinanziers, der Vereinigten Staaten, hätte man Irans Vertragsverstöße nicht aufklären können. Die Aufgaben wachsen indes schneller als die Ressourcen. Die Arbeitsbelastung der rund 600 in der Nuklearkontrolle beschäftigten Mitarbeiter hat sich seit den achtziger Jahren vervierfacht. Pro Jahr werden etwa 2500 Inspektionen in mehr als 600 Anlagen durchgeführt – und die Zahl der Reaktoren weltweit steigt an.

Und was wird nicht alles inspiziert! Noch die harmlosesten zivilen Anlagen in Ländern wie, beispielsweise, der Schweiz werden eingehend geprüft, obwohl es sicherlich sinnvoller wäre, die knappen Ressourcen auf kritische Standorte wie den Iran und Nordkorea, aber auch Ägypten oder Brasilien zu konzentrieren. Mehrmals haben die Vertreter der USA in der »Agency« versucht, die Inspektionsarbeit auf die Brennpunkte zu lenken – aber jedes Mal schallte ihnen der Ruf »Diskriminierung« entgegen. Zu Recht, könnte man meinen, wären da nicht die unangenehmen Tatsachen, die im Iran durch letztlich eben doch konzentrierte Inspektionsarbeit herausgefunden wurden.

ElBaradeis Atomdetektiven kam zugute, dass einige iranische Oppositionsgruppen über erstaunliche (und zuweilen verifizierbare!) Kenntnisse des nukleartechnischen Geschehens im Lande verfügen. Im August 2002 enthüllte der »Nationale Widerstandsrat Irans« die Existenz der Pilotanlage mit Gaszentrifugen zur Anreicherung von Uran in Natanz. Im Februar 2003 rückten, nach einigen hinhaltenden Manövern der iranischen Diplomatie, die Inspekteure an und staunten nicht schlecht: Auf einer Fläche von rund hunderttausend Quadratmetern erstreckte sich ein aus sechs Gebäuden bestehender Komplex, von dem sie vorher nichts gewusst hatten. Platz für ein- bis zweitausend Zentrifugen. Nach längerem Drängen räumte der Iran auch die Existenz unterirdischer Gebäude auf dem Gelände von Natanz ein. Sie sind vorgesehen für das, was nach dem Pilotbetrieb kommt: Rund 50000 in Kaskaden geschaltete Zentrifugen könnten hier dereinst stehen.

Die Inspektoren begannen damit, Wischproben zu nehmen. Sie schickten sie ein, und es stellte sich heraus, dass die Proben hoch angereichertes Uran enthielten. Die Iraner behaupten seither, die Substanz sei nicht von ihnen hergestellt, sondern als Kontamination gebrauchter Zentrifugenteile eingeschleppt worden. Für einige der Partikel konnte dies bestätigt werden – allein, es existieren immer noch andere, die durchaus inländischen Ursprungs sein könnten.

Die schockierendste Tatsache ist freilich, dass diese und andere nach und nach ans Licht kommenden Details ein Muster jahrelanger Täuschung offenbaren. Der Iran hat seine heimlichen Anreicherungsversuche schon vor 1985 begonnen. Insider in Teheran erklären die mangelnde Berichterstattung an die IAEA zwar mit allerlei Besonderheiten – sei es, dass das Ausmaß der Berichtspflicht nicht bekannt gewesen sei (was Unsinn ist) oder dass eben eine Vielzahl staatlicher und halbstaatlicher Stellen nukleartechnisch aktiv sei und es daher an Koordination und Transparenz gemangelt habe (da ist etwas dran) –, doch gleichwohl, noch heute ist es so, dass Inspekteure immer wieder auf Neues stoßen, das ihnen vorenthalten wurde. Schon dieser Umstand rechtfertigt es übrigens juristisch, die Causa Iran vor dem Sicherheitsrat der Vereinten Nationen zu verhandeln.

Natanz ist mitnichten der einzige Standort für Anreicherungstechnik im Iran, auf den die IAEA schließlich aufmerksam wurde. Genannt wird auch immer wieder das Areal der Kalaye Electric Company. Im Februar 2003 räumte Teheran ein, dass dort an Gaszentrifugen gearbeitet wurde. Wieder dauerte es Monate, bis die Mullahs den Inspekteuren gestatteten, auch von dort Proben zu nehmen. Sie enthielten gering sowie hoch angereichertes Uran. Nach diesem Fund gab Teheran zu, zwischen 1998 und 2002 mit Uran-Hexafluorid-Gas in den Zentrifugen experimentiert zu haben. Doch die Anreicherung sei nie über 1,2 Prozent U-235 hinausgegangen, und auch diesmal seien die Spuren hoch angereicherten Urans nur eingeschleppte Kontaminationen gewesen.

Es sollte noch mehr herauskommen. Im Januar 2004 konfrontierte die IAEA den Iran mit Erkenntnissen über einen versuchten Erwerb der besonders leistungsfähigen Zentrifugen vom Typ P-2; auch darüber hätte die Agency informiert werden müssen. Teheran räumte ein, dass es schon zehn Jahre zuvor Konstruktionszeichnungen für die P-2 erworben hatte, behauptete aber, sämtliche im Land befindlichen Bestandteile der Zentrifuge seien iranischer Eigenbau, mit dem eine inländische Firma beauftragt worden sei. Warum nichts davon gemeldet wurde? »Aus Zeitgründen«, antworteten die iranischen Atomdiplomaten. Auch das Ausmaß der Urankonversionsanlage in Isfahan wurde der IAEA nicht, wie es erforderlich gewesen wäre, von den iranischen Behörden mitgeteilt: Am Anfang der Aufklärung standen Angaben aus Oppositionskreisen und die Analyse von Satellitenaufnahmen.

Das bereits erwähnte Laserprogramm zur Urananreicherung. ist gleichfalls nicht ordnungsgemäß gemeldet worden. Im Oktober 2003 kam heraus, dass der Iran bereits seit einem Dutzend Jahren daran gearbeitet hatte. Im Jahr 2000 wurde die Laser-Pilotanlage Laschkar Ab'ad errichtet. Zwischen 2000 und 2003 hatten iranische Physiker hier Uranmetall, das vermutlich – wiederum undeklariert! – 1993 aus Russland herangeschafft worden war, auf Reaktorstärke angereichert (drei bis vier Prozent U-235). Proben der IAEA deuteten auf nichts anderes hin, gleichwohl kann es nach Angaben aus Wien durchaus sein, dass die Anreicherung mittels Laser auch höhere Konzentrationen erzielt hatte.

Ein weiterer im Iran befindlicher Nuklearkomplex ist das Jabr Ibn Hayan Lab – Tehran Nuclear Research Center. In dieser der IAEA ursprünglich ebenfalls verschwiegenen Anlage wurde Uran-Tetrafluorid (UF4) in Uranmetall umgewandelt; der Umgang mit metallischem Uran gehört zum rar gesäten Know-how der Waffenproduktion. Außerdem dient der Komplex als Lager für Uranverbindungen, die der Iran zunächst heimlich aus China importiert hatte.

Das iranische Nuklearprogramm schloss Experimente mit Plutonium ein. Auch wenn der Weg zur iranischen Bombe nach aller Wahrscheinlichkeit nicht über das Plutonium führen wird, hält sich das Land diese Option doch offen, wie es scheint. Im Oktober 2003 gab der Iran zu, zwischen 1988 und 1992 im Forschungsreaktor Teheran einige Pellets aus abgereichertem Urandioxid bestrahlt zu haben, die in Isfahan hergestellt worden waren. Es handelte sich um insgesamt sieben Kilogramm, wovon nach der Bestrahlung drei Kilogramm abgezweigt wurden, um Plutonium aus ihnen zu extrahieren. Die Menge des gewonnen Plutoniums ist immer noch strittig.

Bereits im August 2002 hatten Oppositionelle enthüllt, dass nahe der im nordwestlichen Iran liegenden Stadt Arak eine Anlage zur Herstellung Schweren Wassers gebaut werde. Und wieder trafen die Angaben der Dissidenten zu. Als die IAEA-Inspekteure die Baustelle im Februar 2003 besichtigten, hieß es noch, die Produktion der Anlage sei für den Export bestimmt. Drei Monate später räumten die iranischen Behörden ein, es sei geplant, das Schwere Wasser in dem Forschungsreaktor am gleichen Ort zum Einsatz zu bringen – und das bedeutet die Herstellung von Plutonium.

Und dann gibt es da noch die Sache mit dem Polonium. Zusammen mit Beryllium wird dieses Element in Atomwaffen als Neutronenquelle verwendet, mit der die Kettenreaktion gestartet wird. Im September 2003 entdeckte die IAEA, dass der Iran in den Jahren zwischen 1989 und 1993 Polonium hergestellt hatte, angeblich für eine »Machbarkeitsstudie« über Nuklearbatterien. Derartige Batterien werden in Raumsonden eingesetzt, und man darf sich fragen, wo denn das zugehörige Raumfahrtprogramm des Landes sei. Leider sind, wie so oft, iranischen Angaben zufolge die meisten Protokolle der damaligen Versuche verschwunden.

Gänzlich verschwunden ist sogar schon einmal ein ganzer Gebäudekomplex, nämlich das »Physikalische Forschungszentrum« in Lavisan-Schian. Dessen Existenz war schon länger bekannt, und im November 2003 zeigten Satellitenbilder auf einmal, dass es förmlich dem Erdboden gleichgemacht worden war. Niemand weiß, was sich dort früher zugetragen hat; offiziell heißt es, dort sollten Schutzmaßnahmen gegen Angriffe mit ABC-Waffen entwickelt werden. IAEA-Inspekteure nahmen Bodenproben am Ort, nachdem sie über lange Zeit daran gehindert worden waren – aus »Gründen der nationalen Sicherheit«, wie aus Teheran vielsagend verlautete. Gefunden wurde nichts, abgesehen von einem Dosimeter für radioaktive Belastung. Was nichts heißen muss; durch gründliches Umpflügen lassen sich Verstrahlungen im Prinzip sehr wohl verstecken. Und warum die Heimlichtuerei? Eine ähnliche Geschichte ließe sich über den Militärkomplex Parchin erzählen, der sich etwa dreißig Kilometer südöstlich von Teheran befindet. Auf diese Anlagen wurde die IAEA von mehreren Informanten aufmerksam gemacht, Satellitenaufnahmen legten den Verdacht erst recht nahe, hier geschehe Unangemeldetes auf nukleartechnischem Gebiet. Lange Zeit sträubte sich der Iran, das Gelände von Inspekteuren prüfen zu lassen. Als diese schließlich doch anrückten, konnten sie nichts finden. Oder sollte man sagen: nichts mehr finden?

All das deutet nicht etwa darauf hin, dass die iranischen Physiker und Chemiker militärisch relevanten Atomsprengstoff hergestellt oder gar Sprengköpfe zusammengeschraubt hätten. Man konnte auch nicht nachweisen, dass iranische Atomexperten am Bau von Reflektoren und Tampern gearbeitet hätten. Doch was sie im Labormaßstab bereits ausprobiert haben, ist sehr wohl geeignet, Befürchtungen zu wecken. Noch einmal, zusammengefasst: Illegalerweise haben sie Uranverbindungen abgezweigt und mit diesen unangemeldete Umwandlungsversuche unternommen. Gut achtzehn Jahre lang haben sie heimlich mit Urananreicherung experimentiert, ebenso heimlich Erfahrungen mit der Wiederaufbereitung bestrahlter Brennstoffe gesammelt, ja sogar Plutonium gewonnen (allerdings deutlich weniger als ein Gramm) – und sie haben gelogen, dass sich die Balken biegen. Über einen Zeitraum von zwölf Jahren haben sie überdies ein hoch technisches Laserlabor zusammengekauft, aufgebaut und ausprobiert. Natürlich ebenfalls konspirativ. Unvollständig waren auch die der IAEA übermittelten Informationen über den geplanten Schwerwasser-Forschungsreaktor.

Der Iran, so heißt es in einem Bericht der Wiener Behörde, habe diese Politik bis in den Herbst 2003 verfolgt. Und danach?

Die Kette der Entdeckungen riss nicht ab. So fanden die IAEA-Inspekteure beispielsweise im Dezember 2004 heraus, dass in Isfahan ein Tunnelsystem angelegt wurde; das hätte gemeldet werden müssen, denn es gehört zur dortigen Urankonversionsanlage. Der damalige Chefunterhändler in Atomfragen, Hassan Rohani, erklärte die Arbeiten damit, dass die Urananlagen in Isfahan gegen Luftangriffe geschützt werden müssten; aus dem gleichen Grund sei ja auch ein großer Teil der Anreicherungsanlage in Natanz unterirdisch.

Ende 2005 war dann in einem internen Papier der IAEA zu lesen, Teheran habe eingeräumt, im Besitz von brisanten, seit 1987 vor der Behörde geheim gehaltenen Dokumenten zu sein, die beschreiben, wie sich Uranmetall zu Halbkugeln formen lässt. Das ist alarmierend, denn eines der möglichen Designs für Atombomben beruht eben auf halbkugelförmigen Anordnungen des Sprengstoffs. Dass der Iran die Existenz dieser Pläne so lange verschwiegen hat, nährt bösen Verdacht.

Mitnichten setzte also nach Ende 2003 eine Politik der Transparenz ein. Es zeichnete sich vielmehr ein bekanntes Muster ab: Wie weiland Saddam Hussein stritten die Mullahs erst jeden Vorwurf ab, um dann, mit immer neuen Beweisen konfrontiert, Schritt für Schritt alles zuzugeben. Regelmäßig werden die Bitten der Inspekteure, mit diesem Wissenschaftler zu reden oder jene Dokumente einzusehen oder eine Anlage besuchen zu können oder für weitere Inspekteure Visa zu erlangen, erst abgeschlagen und danach – zögerlich – erfüllt.

Man mag das abbuchen unter Gesichtswahrung und Stolz, aber es bleibt die Tatsache, dass die Wiener Behörde um jedes Puzzlesteinchen kämpfen muss. Zuweilen ist auch von »Basar-Mentalität« die Rede, womit der Stil der Teheraner Diplomatie erklärt werden soll. In der Tat, als beispielsweise während der Verhandlungen mit den Europäern im Winter 2004/2005 die Anreicherungsarbeit eingestellt werden sollte, versuchte der Iran immer wieder zu testen, wie weit man da gehen konnte: Mal wurden Wartungsarbeiten an den Anlagen, dann wieder Testläufe oder gar Anreicherungsübungen im Labormaßstab unternommen. Alles ganz harmlos und selbstverständlich, hieß es dann jedes Mal aus Teheran, und: Wenn das Verstöße gegen irgendwelche Regeln wären, dann hätte man den Iran ja vor den Sicherheitsrat zitiert (was ein ziemlich verrücktes Argument ist: Jeder weiß, dass Amerika auf just diesen Schritt drängte und dass die Europäer ihn zusammen mit den Schwellen- und Entwicklungsländern lange Zeit verhinderten, und zwar aus rein politischen Gründen). Umgekehrt argumentierten amerikanische Diplomaten damals, der Iran habe einiges zu verlieren, weshalb die wiederholten Nadelstiche und Provokationen nicht nur aus Verhandlungsgründen unternommen würden, sondern vor allem, weil es um etwas Wichtiges gehe: die Atombombe.

Eine andere Begründung, die wohl der Wahrheit am nächsten kommt, gaben zu jener Zeit iranische Diplomaten im Hintergrundgespräch: Man müsse dem Volk etwas bieten. Gemeint war damit, dass die politischen Kräfte im Lande miteinander auch um den Ruf konkurrieren, die nationalen Interessen hart und entschlossen gegen jede äußere Einmischung zu vertreten. So richtig dieser Hinweis war – und ist –, auch er enthält einen üblen Dreh. Denn mit dem Hinweis, der Außenpolitik seien leider aufgrund innerer Verhältnisse die Hände gebunden, kann sich die iranische Diplomatie von jeder Verantwortung frei sprechen.

Das ging immer so weiter, spitzte sich im Jahr 2005 dann freilich zu. In diesem Jahr verkündete der Iran, zwanzig neue Kernkraftwerke errichten und den Brennstoff dafür überwiegend selbst herstellen zu wollen – was großtechnische Anreicherung von Uran bedeuten würde und damit die ingenieurmäßige Basis für ein Bombenprogramm. Und der damalige Außenminister Kamal Charrasi scheute sich nicht hinzuzufügen, dass sein Land deshalb so mächtig sei, weil es Zugang zu Nukleartechnik habe.

Es folgte die Wahl des Staatspräsidenten Machmud Ahmadinedschad. Er sorgte dafür, dass Diplomatenposten in aller Welt – auch in Wien – mit Leuten seiner Wahl besetzt wurden. Seither verschärft sich der Ton. Es ist inzwischen an der Tagesordnung, dass iranische Diplomaten »Wir können auch anders« sagen. Anfang 2006 drohten sie: Sollte der Streit um das Atomprogramm ihres Landes vor den UN-Sicherheitsrat gebracht werden, würde der Iran seinerseits die Inspektionen nach dem neuen »erweiterten Protokoll« der IAEA nicht mehr zulassen. Das war ein Signal. Denn dieses Protokoll wird zur Zeit zum De-facto-Standard, dem sich allmählich alle Länder unterwerfen; dass Teheran damit drohte, aus diesem Trend auszuscheren, deutete auf eine Bereitschaft zu nuklearpolitischem

Einzelgängertum hin, das, wie im Fall Nordkoreas, sogar die Kündigung des Atomwaffensperrvertrags einschließen könnte. Überdies waren derartige Erklärungen auch deswegen neu, weil die Mullahs bis dato stets steif und fest behauptet hatten, mit der Wiener Behörde eng und vertrauensvoll zusammenzuarbeiten.

Und tatsächlich: Kaum hatten die IAEA-Governors Anfang Februar 2006 beschlossen, dass ElBaradei seinen im März zu erstattenden Iran-Bericht unmittelbar nach der Märzsitzung dem UN-Sicherheitsrat zuleiten solle, erklärte der Iran, er werde die bis dahin in der Tat freiwillige Anwendung des zwar unterschriebenen, aber eben noch nicht ratifizierten »erweiterten Protokolls« nicht mehr fortsetzen.

Rückblickend betrachtet, zeigen alle diese Vorgänge, wie stark und wie schwach zugleich die IAEA ist. Satellitendaten, geheimdienstliche Erkenntnisse, naturwissenschaftliche Analysen und nicht zuletzt das taktische und praktische Geschick der Inspekteure und ihres Generaldirektors ElBaradei haben dazu geführt, dass die Welt über das Nuklearprogramm des Iran einigermaßen auf dem Laufenden gehalten wird. Lösungen des damit einhergehenden Sicherheitsproblems kann die IAEA indessen nicht bieten. Darin spiegelt sich die Tatsache, dass die regelmäßig zusammenkommenden »Governors« die Vertreter von Staatengruppen mit ganz unterschiedlichen Interessen sind. Die iranische Diplomatie weiß den Umstand auszunutzen, dass es zwischen ihrem Erzfeind USA und vielen anderen Ländern und Bündnissen Reibungen und Interessenkonflikte gibt.

Deshalb wird, namentlich in den USA, immer wieder die Frage gestellt, was die IAEA denn noch wert sei. Auch die Regierung in Teheran sägt an der Autorität der Behörde – und des Vertragswerks, das diese schützen soll. Der Iran verweist besonders gern auf das »Drei-Nationen-Problem«, das immerhin in seiner sicherheitspolitischen Nachbarschaft liegt. Israel und Pakistan sind Atommächte – und hat Amerika nicht jüngst mit Indien, einem weiteren Nuklearstaat außerhalb des Sperrvertrags, sogar kerntechnische Zusammenarbeit vereinbart? Außerdem, und das fragt nicht nur der Iran: Der Vertrag fordert von den fünf anerkannten Atommächten USA, Russland, China, Frankreich und Großbritannien, dass sie eine Politik der nuklearen und darüber hinaus der generellen Abrüstung betreiben. Mit welchem Ergebnis?

An der Misere hat nicht die IAEA Schuld. Die Behörde weist unbeirrbar auf Schwächen des Sperrvertrags hin, deckt Verstöße auf und macht sie mit bewundernswerter Hartnäckigkeit zum Thema der Politik. Ihr ist es in hohem Maße zu verdanken, dass es heute acht und nicht Dutzende Kernwaffenstaaten gibt, unter ihnen Rivalen wie Brasilien und Argentinien. Und wer die IAEA wegen der einen oder anderen schwächlichen Stellungnahme kritisiert, sollte bedenken, dass die Behörde ein Werkzeug ihrer Mitgliedsstaaten ist.

4 Der einsame Riese

Wie der Iran die Welt sieht

Es liegt etwas Trauriges um den Iran. In kaum einem anderen Land ist die Sehnsucht so spürbar nach einer Welt, die besser ist als die heutige, besser als die diesseitige. Nirgendwo sonst ist der Gedanke so verbreitet, dass es einen anderen Ort gibt, an dem zu leben es sich lohnte, mehr jedenfalls als in der Gegenwart. Im Iran liegt das Glück immer woanders, in der Vergangenheit, oder in der Zukunft, oder im Jenseits. Jedenfalls wohnt es nicht im Hier und Heute. Der Iran trägt immerzu Trauerflor.

Man muss nicht lange suchen, um die Gründe dafür zu finden. Ob in dem Kult um Ali und Hussein, den ermordeten Propheten der Schiiten, ob in dem Krieg gegen den Aggressor Irak, ob im Putsch der CIA gegen den Ministerpräsidenten Mossadegh, ob in den Friedhöfen vor den Toren Teherans, ob in den Machinationen der Kolonialmächte, ob in der gegenwärtigen Auseinandersetzung um die Atomenergie, ob in der dauernden Gegnerschaft der USA. Wohin auch immer man schaut, überall finden Iraner Beweise für das Unglück, das durch fremde Hand herbeigeführt wird. Der Iran ist übersät mit den Hunderttausenden Opfern eines fortgesetzten Verrats, der nicht enden will und nie enden wird, denn er ist eine existenzbegründende Begleiterscheinung des

Iran. Es gibt dieses Land, solange es Verrat gibt, ohne ihn scheint es nicht existieren zu können.

Oder wie sonst könnte man den tief verankerten Glauben der Iraner erklären, dass draußen vor den Grenzen immer jemand am Werk ist, um ihrem Land zu schaden, dass immer jemand das Land daran hindert, zur Entfaltung zu kommen? Überall lauern böse Geister, Imperialisten, Kolonialisten, Ausbeuter. Der Iran ist Opfer, war Opfer und wird es immer sein. Nie wird er verstanden sein, nie wird er akzeptiert werden.

Darf man so die Gefühlslage einer Nation zusammenfassen? Darf man auf diese Weise vereinfachen? Man darf. Man muss sogar, denn um Politik zu machen, müssen Einsichten verdichtet werden. Zu einem zusammenhängenden Bild, das dem täglichen Hin und Her der diplomatischen Schlagzeilen einen Kontext gibt.

Will das Regime die Atombombe bauen? Und wenn ja, warum? Welche Gründe hätte der Iran dafür?

Auf der Suche nach den Motiven fängt man am besten im Urgrund der Geschichte an, an einem Ort, wo das iranische Volk sich wiederfinden kann, um sich mit Respekt und Ehrfurcht zu verbeugen. In Pasagardae, am Grab von Kyros II., dem König der Könige. Es ist ein schlichtes Grab. Die trostlose, windgepeitschte Landschaft verstärkt den Eindruck einer grandiosen Einsamkeit. Kyros selbst hatte das Grab um 530 vor unserer Zeitrechnung bauen lassen, als Teil einer kleineren Palastanlage. Heute sind davon nur noch Ruinen übrig, ein paar Säulen ragen in den Himmel, und Mauerreste säumen ein struppiges Gelände. Nur das Grab ist unbeschadet. Kyros, der Befreier der Juden aus babylonischer Gefangenschaft, war zeitweise Herrscher über zweiundsiebzig Nationen. Kyros war Herrscher der Welt, und er war ihr Zentrum.

Am Mythos von Kyros ließe sich ein erstes Missverständnis zwischen dem Westen und dem Iran erklären, ein erstes Aneinander-Vorbeireden. Ein Volk, das einen König wie Kyros hatte, ein Volk, das eines der größten Weltreiche der Geschichte hervorbrachte, ein solches Volk mag im Heutigen, gerade wenn dieses Jetzt bitter ist, über den Weg einer Idealisierung der Vergangenheit zur Selbstüberschätzung neigen.

Das ist ja der Vorwurf, den Iraner vor allem aus Washington hören, der Zentrale der heute führenden Weltmacht. Immer, wenn der Iran sich selbst als Regionalmacht ins Spiel bringt, sind aus den USA folgende kaum verschlüsselte Botschaften zu vernehmen: Ihr nehmt euch zu wichtig, viel zu wichtig. Euer Öl? Ja, schon, aber es gibt andere Öl produzierende Länder. Die strategische Lage am Persischen Golf? Ja, gut, aber deshalb habt ihr uns doch nie schaden können. Eure Geschichte? Prächtig, wundervoll, mit Sicherheit, aber ihr seid ein unterentwickeltes Land. Alles in allem unwichtig. Das ist der Ton, in dem gesprochen wird, und wenn nicht in ihm gesprochen wird, ist es der Ton, den Iraner gern aus Äußerungen über ihr Land heraushören.

Geschichte ist ein Behälter, aus dem sich alle möglichen Leute bedienen, um ihre Zwecke zu verfolgen. Mal erlebt die eine Persönlichkeit der Geschichte Konjunktur, mal eine andere. Das ist eine Frage der politischen Verhältnisse. Kyros ist von all dem nicht unbeschadet geblieben, aber er ist immer ein Maßstab; nicht die Figur des Kyros, sondern die Begriffe, die er symbolisiert: Macht, Größe und Gerechtigkeit – sie sind das Fundament seines Mythos. Er beschreibt, was die iranische Nation erreichen kann, wozu sie nach Meinung vieler Iraner bestimmt ist. Wenn man sie denn ließe.

Schah Mohammed Resa Pahlevi veranstaltete im Jahre 1971 ein pompöses Fest, um das vor 2500 Jahren gegründete Achämenidenreich zu feiern. Er lud Hunderte ausländische Gäste dazu ein. Fünf Tage lang ließ er sich als Nachfolger der großen Perserkönige feiern. Er ließ täglich das Essen für seine Gäste aus dem Pariser Maxim's anliefern, während in der Provinz Sistan-Balutschistan Hungersnot herrschte. Zum Höhepunkt der Feier trat er vor das Grab des Kyros und sagte: »Schlaf ruhig, Kyros, denn ich bin wach!«

Diese Worte, das Fest, alles, was der Schah in diesen Tagen veranstaltete, war Ausdruck von Hybris. In den Augen der meisten Ausländer war es die lächerliche Geste eines Mannes, mit dem man gern Geschäft machte, den man aber sonst nicht ernst nahm. Es war jedenfalls ein Vergehen an dem Mythos des Kyros, des Königs der Könige, an der Geschichte von Gerechtigkeit und Macht und Größe. Denn Mohammed Resa stützte seine Herrschaft auf blutige Repression, seine Macht wie seine Größe waren von den USA geliehen. Das ändert nichts daran, dass er mit der protzigen Feier eine Rolle ausfüllen wollte und gleichzeitig eine Botschaft aussandte. Er stellte einen Anspruch an die Welt.

Die Geschichte des Iran lässt sich durchaus als die permanente Suche einer Nation nach ihrem Platz in der Geschichte darstellen. Seit dem Zusammenbruch der persischen Dynastien war das Land in Bedeutungslosigkeit versunken. Die vergangenen zweihundert Jahre war es ein Spielball der Kolonialmächte, mehr nicht. Immer dann, wenn das iranische Volk den Anspruch erhob, sein Schicksal selbst zu bestimmen, brachen fremde Mächte ihm das Genick.

Zwischen 1905 und 1911 kam es zu der so genannten Verfassungsrevolution, der ersten wirklich modernen Revolution des Iran. Sie verschaffte den Iranern eine demokratische Verfassung, ein Parlament und das allgemeine Männerwahlrecht. Ein paar Jahre lang konnten die Iraner in dem Gefühl leben, der Despotie entkommen zu sein und Anschluss an die Moderne gefunden zu haben. 1911 beendete eine gemeinsame Intervention von Russen und Briten dieses Experiment. Sie setzten den Schah wieder in Amt und Würden, einen berechenbaren Potentaten, der ihren Interessen dienen sollte. Danach kamen die langen Jahrzehnte einer brutalen Entwicklungsdiktatur unter der eisernen Hand von Schah Resa, dem Vater von Mohammed Resa. So hart er gegen die eigenen Landsleute vorging, so schwach agierte er gegenüber den Kolonialmächten. Er vermochte nichts gegen Russen, Briten und Amerikaner auszurichten. Sie gängelten ihn und besetzten das Land, je nach ihren Bedürfnissen. 1941 erzwangen sie seine Abdankung und setzten seinen Sohn Mohammed auf den Thron.

Das Jahr 1953 war erneut ein Schicksalsjahr für das iranische Volk. Es bestimmt bis heute das Verhältnis der Iraner zu den USA. Der demokratisch gewählte Ministerpräsident Mohammed Mossadegh nationalisierte die Ölindustrie. Die Menschen liebten ihn dafür. Die Briten hassten ihn, und die USA putschten ihn schließlich 1953 mit Hilfe der CIA aus dem Amt.

Der Putsch gegen den äußerst populären Mossadegh ist bis heute eine offene Wunde. Die Erinnerung daran ist immer noch bestimmend für das Verhältnis zu den USA, und das nicht nur unter den Getreuen des islamistischen Regimes.

Kaum war Mossadegh gestürzt, regte sich der politische Ehrgeiz des Schahs. Die USA betrachteten ihn als Vasallen. Aber er versuchte auf nahezu groteske Weise, sich einen eigenständigen Platz auf dem internationalen Parkett zu erkämpfen. Die Mittel dafür schenkten ihm Zufälle der Geographie und der internationalen Wirtschaft. In den siebziger Jahren stiegen die Ölpreise binnen kurzer Zeit in für damalige Verhältnisse astronomische Höhen. Milliarden Dollar flossen in die Kassen des

Schahs. Er gab das Geld für Rüstungsgüter aus. Er kaufte nur das Neueste und nur das Beste, und er kaufte es in Unmengen. Wenn er sich zu einer Shoppingtour in die USA aufmachte, rieben sich die Herren der Konzerne die Hände. Insgeheim mögen sie gelacht haben über diesen Potentaten aus dem Orient. Er kaufte Waffensysteme, die so kompliziert waren, dass niemand in seinem Land sie bedienen konnte; er kaufte Hunderte Kampfbomber und Kampfhubschrauber, die bald auf irgendwelchen Militärflugplätzen verstaubten, weil die Piloten nicht ausgebildet waren, diese hoch gezüchteten Maschinen zu fliegen. Das Geld floss in Strömen. Zwischen 1973 und 1975 stieg das Volumen des Rüstungsgeschäftes zwischen dem Iran und den USA von 524 Millionen auf 13,9 Milliarden Dollar. 1977 ging die Hälfte aller amerikanischen Rüstungsexporte in den Iran. Die Gier des Schahs war grenzenlos.

Macht war für ihn Macht der Waffen. Auf sie baute er auf. Es dauerte nicht lange, und der Schah fühlte sich stark genug, sich in die Angelegenheiten der Nachbarländer einzumischen. Ob der Irak, ob die Türkei oder die arabischen Golfstaaten, alle bekamen seinen Gestaltungswillen zu spüren. Er gab den Nachbarn nachdrücklich zu verstehen, dass er die Rolle der Regionalmacht anstrebte. Es ging ihm nicht um den Besitz von Territorien, die er etwa durch die Geschichte Persiens zu legitimieren versuchte, es ging ihm um Status, um Ansehen. Er fand, dass alle ihm ihre Ehre erweisen mussten, nicht zuletzt aus historischen und kulturellen Gründen – und mit dieser Überzeugung befand er sich in Einklang mit einem großen Teil der Nation. Die Sätze, die er am Grab des Kyros gesprochen hatte, waren das politische Programm des iranischen Nationalismus. Er reichte weit über die Grenzen des eigenen Landes hinaus, und er hatte in den Vereinigten Staaten von

Amerika einen mächtigen Förderer. Die Opposition nannte den Schah abfällig den »Gendarmen der USA am Golf«. Er selbst sah sich mit Gewissheit nicht so, oder zumindest wollte er sich aus der Abhängigkeit befreien.

Deshalb auch träumte er sehr früh den Traum von einer iranischen Nukleartechnik. Teheran unterschrieb 1970 als eine der ersten Regierungen den Atomwaffensperrvertrag. Schon vorher aber gab es nach Angaben von Akbar Etemad, der zwischen 1974 und 1978 Präsident der iranischen Atomenergiebehörde (AEOI) war, bereits nukleartechnische Forschung und Lehre an der Universität Teheran. Die Arbeit wurde damals an einem Forschungsreaktor durchgeführt, den die USA 1967 geliefert hatten. 1974 kündigte der Schah ein grandioses ziviles Atomprogramm an.

Grundlage war eine zwanzig Bände umfassende Studie aus dem Stanford Research Institute, der zufolge das Land bis zum Jahr 1990 einen Kernkraftwerkspark von rund zwanzigtausend Megawatt aufbauen sollte, um den Schwankungen des Ölpreises zu entgehen. Mitte der siebziger Jahre dann drängte Amerika den Schah geradezu, diese Empfehlung umzusetzen; der ließ schon mal dreiundzwanzig Reaktoren planen, und amerikanische sowie deutsche Nuklearfirmen unterzeichneten die ersten lukrativen Verträge. Damals wurde die Grundlage für das iranische AKW in Buschir gelegt; die Siemens-Tochter KWU (jetzt zu Areva gehörend) sollte den Meiler errichten. Auch Indien und Frankreich traten bald auf den Plan; die Franzosen halfen, das Atomzentrum in Isfahan aufzubauen, wo heute die Urankonversionsanlage steht.

Der Atomplan des Schahs war zwar sehr ehrgeizig, aber typisch für die Zeit. Der Iran litt unter Energiemangel. Es gab immer wieder Blackouts, die das halbe

Land lahm legten. Und es gab noch andere schwerwiegende Gründe. Nach damaligen Berechnungen und Kenntnissen sollten die Ölvorräte des Landes in dreißig Jahren aufgebraucht sein. Der Schah wollte sein Netz von Nuklearreaktoren in Betrieb haben, bevor die Ölquellen versiegten – das war sein erklärtes Ziel.

Natürlich, Mohammed Resa Pahlevi hatte sicher auch an den Bau einer Atombombe gedacht, aber wie wenig er an der Bombe im Vergleich zu anderen Rüstungsgütern interessiert war, kann man an den Summen erkennen, die er dafür investieren wollte. Nicht ganz eine Milliarde Dollar hat der Iran 1974 für Urananreicherungsanlagen investiert.

Sein Nuklearprogramm konnte der Schah nie verwirklichen. 1979 fegte ihn eine Revolution aus dem Amt.

Eigentlich waren es zwei Revolutionen in einer, nämlich eine säkulare und eine religiöse. Die Revolution der Mullahs schuf die Islamische Republik Iran. Ihr charismatischer, unumstrittener Führer war Ajatollah Ruhollah Chomeini. Seine Erbschaft ragt wie ein erratischer Block bis in die Gegenwart. Die ideologische Grundausrichtung dieser Republik, die von Chomeini geschaffenen Machtstrukturen, das Selbstverständnis des Staates, all dies steht heute einer konfliktfreien Zusammenarbeit mit dem Westen, vor allem mit den USA, entgegen.

Chomeini war eine Ausnahmeerscheinung, auch innerhalb des schiitischen Klerus. Er vertrat mit großer Vehemenz die Idee eines politisch militanten Islam. Das war ein Traditionsbruch, denn das religiöse Establishment der Schiiten hielt sich mehrheitlich aus der Politik heraus. Die schiitischen Kleriker sind zumeist politische Quietisten gewesen. Der militante Chomeini musste daher zuerst den Widerstand der »Passiven« innerhalb des Klerus brechen, bevor er überhaupt daran denken konnte, seine Revolution erfolgreich durchzuführen.

Chomeini bediente sich dazu eines äußerst aggressiven Antiamerikanismus. Gegen die USA ließen sich die Massen leicht mobilisieren. Die Amerikaner hatten im Laufe der vierziger Jahre Großbritannien im Nahen Osten als bestimmende Macht abgelöst, und sie waren innerhalb weniger Jahrzehnte mindestens genauso verhasst wie ihre Vorgänger. Chomeinis Hasstiraden fielen daher auf fruchtbaren Boden. Seine besondere Leistung bestand darin, dass er die Fehde mit den USA ins Mystisch-Religiöse überhöhte. Er sah den Islam im kosmischen Endkampf mit dem Satan USA. In dieser Tradition steht der im Sommer 2005 gewählte iranische Präsident Machmud Achmadinedschad. Er ist durchdrungen von Sendungsbewusstsein und pflegt eine radikale Sprache, die ebenfalls von mystischen Elementen durchsetzt ist. Als er im Herbst 2005 vor der Vollversammlung der Uno eine Rede hielt, behauptete er, ein Licht habe ihn plötzlich umgeben. Alle im Saal hätten es gesehen und seien vor Staunen erstarrt. Im Westen lacht man über solche Äußerungen, aber im Grunde waren Achmadinedschads Äußerungen ein lehrreiches Beispiel für die mystische Symbolik der Revolution, für ihre Entrücktheit und die daraus resultierende Radikalität. Wenn Achmadinedschad verrückt ist, wie viele behaupten, dann ist er so verrückt, wie es die Islamische Revolution von 1979 war.

Chomeini reagierte damals auf irdische Einwände, wie jeder wahre Revolutionär auf die konkreten Probleme des Lebens reagiert: mit unverhohlener Verachtung. Als man ihn etwa darauf ansprach, dass sich die neue Regierung auch der wirtschaftlichen Probleme des Landes anzunehmen habe, antwortete Chomeini: »Wir haben die Revolution nicht gemacht, um die Preise von

Wassermelonen zu senken!« Sehr ähnlich klang Achmadinedschad, als er sagte: »Wir haben die Revolution nicht gemacht, um die Demokratie zu bekommen!«

In der Tat, Chomeini hatte die Revolution für etwas anderes gemacht: für ein erneuertes islamisches Imperium unter der Führung des schiitischen Teheran. Das freilich war ein Kampf, der auf dieser Erde ausgetragen wurde. Chomeini wollte die USA aus dem Nahen und Mittleren Osten vertreiben. Der revolutionäre Iran sah sich damit selbst in der Rolle des regionalen Hegemons, genau wie sich der monarchistisch-nationalistische Iran gesehen hatte. Diesmal lief das Programm allerdings nicht unter dem Titel der Monarchie, sondern im Namen eines islamischen Universalismus. Auch Chomeini – wie vor ihm der Schah – stellte keine territorialen Ansprüche. Aber die Islamische Republik Iran sollte zum Gravitationszentrum eines erneuerten Islam werden, der endgültig das Joch der Imperialisten abschütteln und zu alter Größe zurückkehren würde.

Der Kern der Auseinandersetzung zwischen dem Iran und den USA ist heute wie damals ein Machtkampf um Vorherrschaft in dieser Region. Mit anderen Worten, es geht darum, ob es eine eigenständige Regionalmacht im Nahen und Mittleren Osten geben kann. Doch indem heute die Nuklearfrage hinzutritt und sich das Ganze außerdem in einer Welt abspielt, in der Globalisierung und Dschihadismus um die Hegemonie streiten, gewinnt dieser Konflikt ums Regionale eine globale Bedeutung.

Chomeini machte keinen Hehl daraus, dass er die Revolution exportieren wollte. Die ersten Adressaten dieser Botschaft waren freilich die Schiiten. Sie leben in allen Ländern des Nahen Ostens, in größerer oder kleinerer Zahl, im Irak, im Libanon, in Bahrain, Kuwait und Saudi-Arabien. Viele fühlten sich durch Chomeinis

Heilsversprechen auch deshalb angezogen, weil es mit einer scharfen Kritik an den autoritären Herrschern des Nahen Ostens verbunden war. Ob das Königshaus in Saudi-Arabien, ob der syrische Despot Assad, ob Iraks Saddam Hussein oder die Scheichs der Golfemirate – Chomeini wiegelte die Menschen gegen diese Potentaten mit der Rhetorik des revolutionären Egalitarismus auf. Er versprach den Völkern dieser Staaten, sie aus ihren Gefängnissen zu befreien und in eine lichte Zukunft zu führen.

Im seinem dunklen Herzen hatte Chomeini Israel einen besonderen Platz zugeordnet. Der Revolutionär aus Teheran attackierte Israel mit vorher kaum gekannter verbaler Gewalt. Bis heute bleibt Israel ein Todfeind. Der Iran spricht Israel das Existenzrecht ab. Präsident Machmud Achmadinedschad sagte im Herbst 2005, man müsse »Israel vom Angesicht der Erde wischen«. Er würzte seine Ausführungen mit antisemitischen Ausfällen und waghalsigen politischen Vorschlägen. Der Holocaust, hetzte Achmadinedschad, sei ein Mythos, und überhaupt habe Europa das Problem erst geschaffen, deshalb solle doch Europa den Juden Land geben. In Palästina hätten sie jedenfalls nichts zu suchen.

Die gewalttätige Ablehnung Israels durch die Islamische Republik wurzelt freilich auch in der engen Kooperation, die sich zwischen dem Schah und Israel entwickelt hatte. Das ist im Iran quasi eine zusätzliche Hasspille, deren Wirkung sich mit dem im gesamten muslimischen Raum weit verbreiteten Antisemitismus vermischt. Teheran beließ es in der Vergangenheit freilich nicht nur bei verbalen Angriffen. Die Iraner mischten sich aktiv ein.

Im Libanon eröffneten sich dafür Anfang der achtziger Jahre Möglichkeiten. 1982 bildete eine Gruppe junger Schiiten eine politische und militärische Organisation namens Hesbollah. Sie richtete sich in erster Linie gegen die israelische Invasion, wollte sich aber auch um die Rechte und die Lage der Schiiten in dem multikonfessionellen Staat Libanon kümmern, der in Trümmern lag. Teheran finanzierte, trainierte und bewaffnete diese Gruppe ganz im Sinne des islamischen Universalismus, der allen jenen praktische Unterstützung zukommen ließ, die gegen die »Todfeinde« des Islam arbeiteten. Die Hesbollah des Libanon betrachtete Teheran als das neue Zentrum der islamischen Welt und Chomeini als eine Art neuen Propheten.

Israel und besonders die Vereinigten Staaten bekamen die mörderische Wut der Hesbollah und ihrer iranischen Helfer bald zu spüren. Im Oktober 1983 verübte sie Attentate auf amerikanische Stützpunkte im Libanon. 241 U.S. Marines kamen dabei ums Leben. Die Hesbollah ist einer der Gründe, warum Washington das Regime in Teheran als »Hauptsponsor des weltweiten Terrorismus« bezeichnet. Auch wegen der Verbindung Teherans zur Hesbollah fürchtet Israel eine iranische Atombombe. Denn die Hesbollah stellte unter Beweis, dass Teheran es ernst meint, wenn es Israel das Existenzrecht abspricht. Israel ist der Hauptangriffspunkt einer insgesamt aggressiven Außenpolitik, die Teheran unmittelbar nach der Revolution in Gang brachte. Der Hass auf Israel ist gewissermaßen in die Gene dieser Revolution eingeschrieben.

Chomeini führte sein Land mit großer Entschlossenheit und einem ausgeprägten Sendungsbewusstsein in die internationale Isolation. Er tolerierte etwa die Besetzung der US-Botschaft durch radikale iranische Studenten im November 1979. Sie nahmen 62 Amerikaner als Geiseln und hielten sie 444 Tage lang fest. Damit war das Band zwischen den USA und Teheran endgültig zerschnitten. Bis heute wirkt das Geiseldrama wie ein

Trauma auf die USA. Sie ist eine Schmach, die nicht vergessen ist. Kenneth Pollack, jahrelang für die CIA als Analyst des Geschehens im Persischen Golf tätig und heute Bestsellerautor, bezeichnet die Besetzung der Botschaft in Teheran als »einen der schlimmsten Akte von Staatsterrorismus im zwanzigsten Jahrhundert«. Wohlgemerkt, es ist kein Amerikaner bei dieser Geiselnahme ums Leben gekommen. Das Trauma wirkt indes auch Jahrzehnte nach dem Ereignis fort.

Chomeinis revolutionärer Eifer traf auch den irakischen Diktator Saddam Hussein mit Wucht. Hussein Ali Montaseri, zweiter Mann der Islamischen Republik, teilte im Juni 1980 den Muslimen in aller Welt mit, der »Schlächter Saddam Hussein« sei ein Todfeind des Islam. Das kam einer Kriegserklärung gleich und war ein an die schiitische Bevölkerungsmehrheit des Irak gerichteter Aufruf zur Revolte. Saddam ließ sich nicht lange bitten. Im September 1980 überquerten seine Truppen die Grenze. Sein Ziel war nicht, den Iran zu besetzen. Er stellte Ansprüche auf die südliche, ölreiche Provinz Chusestan, wo eine große arabischsprachige Minderheit lebt.

Saddam wusste, dass er mit Duldung, wenn nicht aktiver Hilfe des Westens rechnen konnte. Chomeini wurde mehr und mehr als eine Bedrohung der internationalen Ordnung angesehen, als unkontrollierbarer, einflussreicher Despot. Der »säkulare« Saddam Hussein hatte gute Chancen, zahlreiche Freunde im Kampf gegen den Fundamentalisten Chomeini zu finden.

Die iranische Armee war durch die Wirren der Revolution so gut wie gelähmt und konnte den hochgerüsteten Irakern kaum etwas entgegensetzen. Saddams Soldaten machten schnell große Fortschritte. Sie besetzten die strategisch wichtige Stadt Chorramschar und kreisten das für den Iran lebenswichtige Ölfeld von Abadan ein.

Sie drangen tiefer und tiefer in iranisches Gebiet vor. Saddam ließ sich schon landauf landab als Sieger feiern. Er rechnete mit dem Ende des Krieges innerhalb eines Monats. Chomeini, so dachte er, müsste sich einen Frieden oktroyieren lassen und zumindest Teile der Provinz Chusestan an ihn abtreten. Es sollte anders kommen.

Saddam hatte Chomeinis Charisma und seine Entschlossenheit unterschätzt. Der Schiitenführer rief die Iraner dazu auf, in Massen auf die Schlachtfelder zu strömen. Die meisten glaubten seinem Versprechen, sie würden ins Paradies eingehen, wenn sie in diesem Krieg ihr Leben ließen. Chomeini rief die Bewegung Basitschi e-Mostafan, die Mobilisierten der Unterdrückten, ins Leben. Männer aller Altersgruppen meldeten sich und zogen mit religiöser Inbrunst in den Krieg.

Sie starben zu Zehntausenden. Sie starben für Chomeini, für den Islam, auch für die Nation. 1982 hatten die Iraner den irakischen Feind wieder über die Grenze zurückgetrieben. Saddam Hussein signalisierte insgeheim, dass er zu einem Waffenstillstand bereit war. Doch Chomeini wollte davon nichts wissen. Er hatte viel mehr im Sinn, als den Aggressor Saddam Hussein abzuwehren. Er wollte die Revolution weiter exportieren, den Satan USA aus der Region vertreiben. Wegen der Hartnäckigkeit, mit der Chomeini an diesen Zielen festhielt, dauerte der Krieg bis 1988. Er forderte Hunderttausende Tote. Diese Jahre waren für die Iraner nicht nur Jahre des Leidens und der Entbehrung, sie waren auch Jahre der absoluten Einsamkeit.

Denn die westliche Welt stand hinter Saddam Hussein. Seine Armee bezog Flugzeuge aus Frankreich, Waffen aus den USA und von deutschen Firmen Mittel zu Herstellung chemischer Kampfstoffe. Zu Beginn des Krieges war die Haltung westlicher Staaten eher wohlwollend neutral gewesen. Der ehemalige US-Außenminister und Sicherheitsberater Henry Kissinger fasste diese Einstellung bei Ausbruch des Krieges in einer zynischen Bemerkung zusammen: »Schade, dass nicht beide verlieren können!«

Erst in den späteren Jahren des Krieges gingen die USA dazu über, ihre verdeckte Unterstützung des Irak in eine offene umzuwandeln. 1987 begann der so genannte Tankerkrieg. In den ersten fünf Wochen dieses Jahres waren siebzehn Schiffe mehrerer Nationen in der Meerenge von Hormos angegriffen und beschädigt worden. Kriegsschiffe der U.S. Marine begannen, den Persischen Golf zu patrouillieren. 1988 zerstörten sie in einer Vergeltungsaktion zwei Plattformen der Iraner, nachdem eine amerikanische Fregatte durch eine iranische Seemine beschädigt worden war.

Iraner und Iraker konnten sich zu Hunderttausenden gegenseitig abschlachten. Das kümmerte kaum jemanden im Westen. Erst als der Krieg auf die für den Westen lebenswichtige Ölversorgung übergriff, handelten die USA militärisch. Sie hatten dem Iran klar gemacht, wo die rote Linie verlief.

Das Schlimmste für die Iraner aber war, dass Saddam Husseins Armee chemische Waffen einsetzte. Als die Basitschi zu Tausenden die irakische Verteidigungsfront stürmten und es ihnen gelang, sie zu durchbrechen, gab Saddam den Befehl, mit Kampfgas gegen sie vorzugehen. Die Offensiven der Iraner brachen zusammen. Diese verbrecherische Tat hat sich in das kollektive Gedächtnis der Iraner eingebrannt. Die wohlwollende Gleichgültigkeit, mit der der Westen diesem Einsatz von Massenvernichtungsmitteln begegnet war, und die Hilfe, die westliche Firmen – vor allem deutsche – dazu geleistet hatten, ist im Iran unvergessen.

Autarkie, sich nur auf die eigenen Kräfte stützen und niemandem, wirklich niemandem vertrauen – das sind die Lehren, die aus diesen Erfahrungen gezogen wurden. Bereits während des Krieges nahm der Iran das Atomprogramm des Schahs wieder auf. Mitten im Krieg streckte er seine Fühler aus. Er war offensichtlich nicht nur an der zivilen Nutzung von Atomenergie interessiert. Sonst hätten sich Irans Emissäre nicht mit den Männern Q. Khans in Dubai getroffen.

Das verstieß gegen Chomeinis eigene Worte. Er hatte kurz nach der Revolution erklärt, dass die Nuklearwaffe unislamisch sei. An dieses Verdikt Chomeinis erinnert das iranische Regime noch heute, wenn es sich dem Verdacht ausgesetzt sieht, dass es die Atombombe bauen möchte. »Wir können keine Bombe bauen, weil der Imam es uns verboten hat«, lautet das Argument. Schon 1987 war es nicht gültig.

Die nukleartechnische Infrastruktur des Iran hatte während des Krieges Schaden erlitten. Der Reaktor in Buschir etwa war 1985 mehrmals bombardiert worden, worauf die Kraftwerks-Union den Bau eingestellt hatte. Auch wenn es Iranern bei der Wiederaufnahme des Programms nach wie vor hauptsächlich um die Produktion von Strom gegangen sein sollte – die Botschaft war zweideutig. Das wussten Iraner wie ausländische Beobachter.

Illegal war die Wiederaufnahme des Atomprogramms nicht. Der Iran hatte den Atomwaffensperrvertrag unterschrieben und demnach ein Recht auf die Entwicklung seiner eigenen zivilen Nukleartechnik. Er konnte sogar mit der Hilfe der Staaten rechnen, die eine Bombe besaßen, solange er sie nur nicht selbst bauen wollte.

Die Möglichkeit indes, ein ziviles Atomprogramm im Bedarfsfall militärisch umzuwidmen, konnte schon damals dem iranischen Regime willkommen sein. Als der Krieg mit dem Irak zu Ende ging, dienten die nukleartechnischen Aktivitäten als ein gar nicht so verborgenes

Zeichen für die Bereitschaft, in Zukunft auf einen Angriff mit Chemiewaffen mit der atomaren Keule zu antworten. Das kann man als durchaus rationales Handeln eines Staates charakterisieren, dessen Soldaten Opfer von Massenvernichtungsmitteln waren. Diese Abschreckungslogik jedenfalls gilt offiziell als der Grund für fast fünfzig Jahre Frieden im Kalten Krieg. Warum sollte ihr nicht auch der Iran vertrauen?

Teheran arbeitete zu diesem Zweck zunächst mit China zusammen, mit dem es bereits 1985 und dann wieder 1990 einen Kooperationsabkommen schloss. 1995 kam es zu einem Vertrag mit Russland über das bemerkenswerte Volumen von achthundert Millionen Dollar. Die Russen sollten den Reaktor in Buschir fertig bauen. Anfang der neunziger Jahre soll es nach Erkenntnissen der Internationalen Atomenergiebehörde in Wien weitere Kontakte zwischen iranischen Unterhändlern und dem pakistanischen Atomwissenschaftler Abdul Qadir Khan gegeben haben. Er wollte ihnen Gaszentrifugen zur Anreicherung von Uran verkaufen.

1989, ein Jahr nach Ende des Krieges mit dem Irak, starb Chomeini. Er hinterließ ein Land, das erschöpft war von Revolution, Krieg, Repression. International war es isoliert, ein Paria unter den Nationen. Keines der Ziele, die Chomeini formuliert hatte, war erreicht worden. Der Große Satan USA war nach wie vor in der Region präsent, Israel nicht zerstört, ein neues islamisches Imperium nicht entstanden. Ein Scheitern auf allen Ebenen, möchte man meinen.

Doch Chomeini hatte den Iran von Grund auf verändert. Er hatte nicht nur die ideologischen Grundlagen des Staates radikalen Wandlungen unterzogen, er hatte auch dessen gesamte Struktur umgestellt. Während der ideologische Furor der Revolution Anfang der neunziger Jahre mehr oder weniger gebrochen war, blieben die revolutionären Strukturen intakt. In ihnen verschanzt überlebt die Nomenklatura der Revolution.

Chomeini hinterließ ein System, das sich aus zwei Legitimationsquellen speist: dem Volk und Gott. Die Islamische Republik ist ein Zwitter aus Demokratie und Theokratie. Deshalb ist es das typische Merkmal dieser Republik, dass alle überkommenen politischen oder militärischen Strukturen durch revolutionäre islamische Institutionen ausbalanciert werden, demokratische wie theokratische. Parallelstrukturen durchziehen den gesamten Staatsapparat. Die Macht des gewählten Präsidenten ist von jener des Obersten Religiösen Führers eingehegt und begrenzt. Was immer der Präsident bestimmt, der Oberste Religiöse Führer kann es außer Kraft setzen. Velajat e-faqhi wird dieses Führungsprinzip genannt. Es ist das Herzstück der Chomeini'schen Revolution. Es soll die Rolle des politischen Islam innerhalb der Republik zementieren, eines Islam, der gegenüber demokratischen Regeln nur bis zu einem bestimmten Punkt offen ist.

Gott hat in der Islamischen Republik durch seine selbst ernannten Vertreter immer das letzte Wort. Das Parlament seinerseits wird durch den so genannten Wächterrat kontrolliert. Das ist ein Gremium von religiösen Würdenträgern, das darüber entscheiden kann, wer überhaupt an Wahlen teilnehmen darf.

Die Armee wiederum wird konterkariert durch die so genannten Revolutionsgarden. Wie jeder echte Revolutionär misstraute Chomeini allen traditionellen Institutionen des Landes, im Besonderen aber der Armee. Er verdächtigte sie, grundsätzlich schahfreundlich zu sein. Deshalb bildete er die Revolutionsgarden als Gegengewicht, eine Truppe aus ideologisch und religiös hoch motivierten Männern. Ihnen entstammt auch der jetzige Präsident des Iran, Machmud Achmadinedschad.

Die Revolutionsgarden hatten ursprünglich die Aufgabe, das Regime zu schützen. Sie haben aber im Laufe der Jahre mehr und mehr klassische militärische Funktionen übernommen. Sie und die Basitschi waren es, die im Krieg gegen den Irak in Wellen auf die irakischen Stellungen losstürmten und damit dem Krieg die entscheidende Wendung gaben, eine Leistung, auf die sie stolz sind, die aber auch zu Spannungen mit der regulären Armee führte. Die Revolutionsgarden sind eine Art eiserner Ring, der sich um das Regime gelegt hat. Eine mächtige Prätorianergarde. Die Basitschi sind die Schlagtrupps der Revolution. Wenn sich das Regime etwa durch Demonstranten bedroht fühlt, dann schickt es zuerst die Basitschi aus.

Diese Dopplung aller Strukturen wirft immer wieder zwei zentrale Fragen auf: Wer hat die Macht im Iran? Wo sitzt sie überhaupt?

Darauf gibt es selten eine eindeutige Antwort. Selbst Iraner wissen oft nicht, wer gerade am Ruder ist. Alles ist immer im Fluss, alles bleibt unberechenbar. Diese Unberechenbarkeit ist gewissermaßen ein Geburtsmerkmal der iranischen Revolution. Beispiele gibt es zuhauf.

Im November 1979 versuchten gemäßigte Kräfte der Regierung mit Vertretern der USA Kontakt aufzunehmen, um die Beziehungen zu reparieren. Es fanden sogar bereits erste Treffen statt. Und just zu diesem Zeitpunkt stürmten radikale Studenten die amerikanische Botschaft und besetzten sie.

Im Februar 1989 kommt es zu einem weiteren Skandal. Chomeini veröffentlicht seine berüchtigte Fatwa gegen den britischen Schriftsteller Salman Rushdie. Dieser habe, so der Ajatollah, mit seinem Buch »Satanische Verse« den Islam beleidigt und damit sein Leben verwirkt. Chomeinis Todesurteil hat den Iran weiter aus der internationalen Gemeinschaft hinauskatapultiert. Er sprach es genau in dem Moment aus, als der iranische Parlamentspräsident, Ali Akbar Haschemi Rafsandschani, mit großer Mühe daran arbeitete, die Beziehungen zu Europa zu verbessern. Er wollte die Annäherung erreichen, die Chomeini mit seiner Fatwa spektakulär unterband.

Diese Unberechenbarkeit ist Folge des Kampfes verschiedener Fraktionen. Sie ist aber auch Ausdruck der inneren Lähmung eines Systems, das den Widerspruch zwischen Theokratie und Demokratie nicht aufzulösen vermag. Konflikte können nicht offen ausgetragen werden, weil die dazu nötigen demokratischen Möglichkeiten nicht vorhanden sind oder dort, wo es sie gibt, mit dem Argument abgeschafft werden, sie gefährdeten die Islamische Republik Iran. Deshalb werden die Konflikte buchstäblich nach außen gelagert, mit zuweilen verheerenden Konsequenzen. Außenpolitik ist in einem Land wie dem Iran immer sehr stark als Ausdruck innenpolitischer Auseinandersetzung zu sehen. Sucht eine Fraktion die Öffnung, betreibt die andere die Isolation. Das Problem dabei ist, dass die Gruppierungen im Iran, die bestrebt sind, eine Integration des Landes in die internationale Gemeinschaft zu unterbinden, stets mehr Möglichkeiten haben als jene, die sie erringen wollen. Es reicht, wenn sie einen Bombenanschlag anzetteln oder die Kettenhunde der Revolution loslassen, um Oppositionelle zu ermorden.

Die erste Hälfte der neunziger Jahre war im Iran von beidem gezeichnet, von Annäherungsversuchen und weiterer Isolierung. Der Tod Chomeinis hatte prinzipiell einen Prozess der Normalisierung in Gang gebracht. Die revolutionären Illusionen machten einer realistischen Politik Platz. Das geschah zum Teil schlicht aus Erschöpfung oder aufgrund der Erkenntnis, dass man nicht gegen die ganze Welt anrennen kann, selbst dann nicht, wenn man sich im Recht wähnt und Gott einem beisteht. Ali Akbar Rafsandschani war ein Vertreter dieser pragmatischen Sicht.

Dieser Mann ist einer der interessantesten Figuren der iranischen Politik, weil er eines ihrer typischen Produkte ist. Seit fünfundzwanzig Jahren spielt er eine wichtige Rolle. Er hat in ihr die unterschiedlichsten Gesichter gezeigt. Einmal ist er radikaler als die radikalsten Revolutionäre, ein andermal gemäßigter als jeder Reformer im Land. Am nächsten kommt man dem Politiker Rafsandschani, wenn man ihn als Seismographen für die Stimmung unter den Eliten im Iran versteht. Er weiß immer ziemlich genau, wie weit man mit der Öffnung gehen kann, ohne von den Radikalen abgebremst zu werden. Er weiß auch immer, wie radikal man gerade sein muss, um auf dem innenpolitischen Spielfeld des Iran weiterhin Einfluss ausüben zu können. Rafsandschani, das ist der Korken, der meist oben schwimmt, ganz gleich, wie stark der Wellengang ist. Hinsichtlich der Interessen und Überzeugungen, die ihn leiten, darf man sich keinen Illusionen hingeben. Rafsandschani ist in erster Linie ein Geschäftsmann. Er kontrolliert mehrere religiöse Stiftungen, die im Grunde nichts anderes als Wirtschaftsimperien sind. Heute ist er wahrscheinlich der reichste Mann des Landes.

Rafsandschanis Karriere ist auch ein Beleg dafür, dass in der Islamischen Republik Iran die Institutionen schwach sind. Nicht das Parlament, nicht der Präsident, auch nicht der Oberste Religiöse Führer sind die alleinigen Entscheidungsträger im Staat. Alle sind durch persönliche Beziehungen eng miteinander vernetzt. Sicher, eine Institution ist mächtiger als die andere, und der Oberste Religiöse Führer hat die größte Macht. Aber auch er wird keine Entscheidungen treffen, die dem

Willen seines Netzes zuwiderlaufen. »In fast allen Bereichen«, schreibt Daniel Byman, Iran-Experte der Rand Corporation, »haben die wichtigen Spieler ein Wort mitzureden.« Das Netz freilich ist per definitionem keine starre, feste Größe. Es kann sich zusammenziehen, es kann sich vergrößern, es kann engere und weitere Maschen haben, es kann aus stabilen und aus dünnen Fäden gemacht sein, kurzum: Es ist extrem anpassungsfähig.

Wenn die Iraner selbst von ihren Regierenden sprechen, dann reden sie nicht von links oder rechts oder von Reformern und Konservativen, von religiös und säkular – sie reden von »Insidern« und »Outsidern«. Wer im Innenraum der Macht ist, hat Zugang zu den politischen, ökonomischen, sozialen Ressourcen; wer draußen ist, bleibt von alldem abgeschnitten. Und drinnen vernetzen sich permanent alle, drinnen auch konkurrieren die verschiedenen Gruppen miteinander. Mitunter bekämpfen sie sich bis auf den Tod. Das höchste Ziel ist die Maximierung des eigenen Einflusses – die Mittel dafür reichen, und das unterscheidet die Islamische Republik von den meisten anderen Staaten dieser Welt, vom politischen Mord bis zur demokratischen Wahl. Alles ist möglich im Iran, solange die Insider nicht bedroht sind. Und wenn sie bedroht sind, reagieren sie.

Deshalb betrieb Rafsandschani Anfang der neunziger Jahre die Öffnung des Landes, die vor allem dem Ziel diente, dringend benötigte Investitionen ins Land zu holen. Europa, und darunter Deutschland, war einer der besonderen Adressaten dieser neuen Politik der Öffnung. 1992 begann man den so genannten kritischen Dialog zwischen der EU und dem Iran. Damit wollte die europäische Seite nach eigenen Worten Fortschritte in den Bereichen »Terrorismus, Non-Proliferation und Menschenrechte« erzielen. Eine Initiative, die von den

USA mit Argwohn bis zu offener Ablehnung betrachtet wurde. In ihren Augen wollte die EU nichts weiter als unter diesem wohl klingenden Deckmantel lukrative Geschäfte mit dem Iran machen, während sich das Regime in Teheran Investitionen erhoffen konnte, ohne Zugeständnisse im Streit um Menschenrechte und Demokratie machen zu müssen. Die kurze Geschichte dieses »kritischen Dialogs« ist beispielhaft für die Doppelbödigkeit der iranischen Politik der neunziger Jahre.

1997 rief die EU alle ihre Botschafter aus Teheran zurück. Sie erklärte den »kritischen Dialog« für ausgesetzt. Was war geschehen? Ein Gericht in Berlin hatte im so genannten Mykonos-Prozess ein Urteil gefällt. Gegenstand war ein vierfacher Mord, der sich im September 1992 in dem Berliner Restaurant »Mykonos« ereignet hatte. Zwei maskierte Mörder hatten den iranisch-kurdischen Politiker Sadegh Scharafkandi und drei seiner Kollegen niedergeschossen. Die Richter hatten nun einwandfrei festgestellt, dass der Befehl aus höchsten iranischen Regierungsstellen gekommen war. »Es ist kein Fortschritt möglich«, schrieb die EU in einer offiziellen Stellungnahme, »wenn der Iran terroristische Akte duldet. Wir stellen fest, dass es unter den gegenwärtigen Bedingungen keine Grundlage mehr für den Kritischen Dialog gibt.«

Der Fall Mykonos war nur einer aus einer ganzen Reihe von Fällen politischer Gewalt, die sich Anfang bis Mitte der neunziger Jahre zugetragen hatten. Am 8. August 1991 wurde Schapur Bachtiar, der letzte Premierminister des Schahs, in seiner Pariser Wohnung erstochen aufgefunden; am 16. März 1993 wurde Mohammed Hussein Naghdi, ein ehemaliger Angestellter des iranischen Außenministeriums, in Rom vor seinem Haus erschossen; am 20. Februar 1996 wurden die Dissidenten Zahra Rajabi und Abdul Ali Moradi in Istanbul ermordet. Amnesty international sprach von einer »blutigen Spur, die nach Teheran führt«. Genauer, in das Geheimdienstministerium. Präsident Rafsandschani, eben der sich so pragmatisch gerierende Rafsandschani, hatte 1989 Ali Fallahian an die Spitze dieses Ministeriums gestellt. Fallahian war ein Hardliner, der unumwunden allen im Exil lebenden Oppositionellen mit Mord drohte, falls sie gegen die Islamische Republik Iran arbeiteten. Eine Warnung mit grausigen Folgen.

Teheran, das war ein dunkler Ort in diesen Jahren. Von hier gingen Mordbefehle aus, von hier aus wurden Attentäter losgeschickt, die mitunter um die halbe Welt reisten, um ihren blutigen Auftrag auszuführen. Am 18. Juli 1994 sprengte sich ein Selbstmordattentäter samt einem mit Sprengstoff beladenen Lastwagen vor dem Jüdischen Zentrum in Buenos Aires in die Luft. 84 Menschen starben, über 200 wurden verletzt. Nach den Angaben eines 1996 in den Westen geflüchteten iranischen Geheimdienstagenten war dieser Attentatsplan im August 1993 im Nationalen Sicherheitsrat abgesegnet worden, der insgesamt dreizehn Mitglieder hat, darunter Geheimdienstchef Ali Fallahian und Präsident Rafsandschani.

1996 wurden Amerikaner Opfer eines offensichtlich im Iran geplanten Attentates: Neunzehn US-Soldaten starben durch eine Bombe, die in Saudi-Arabien gelegt wurde. Kein Wunder also, dass die USA den Iran als Sponsor des Terrors bezeichneten.

Parallel zu dieser Geschichte der politischen Gewalt jedoch veränderte sich die iranische Gesellschaft fundamental. Träger dieser Veränderung war die Jugend. Gegen Mitte der neunziger Jahre waren ungefähr zwei Drittel der zweiundsechzig Millionen Iraner unter fünfundzwanzig Jahre alt. Diese jungen Menschen wollten nichts mehr wissen von Revolutionen, von Kriegen, von

Attentaten. Sie wollten ein normales Leben, ein Leben ohne Ausnahmezustand. 1997 wählten sie ihren Kandidaten, den Geistlichen Mohammed Chatami. Er erhielt mehr fünfundsechzig Prozent der Stimmen. Chatami war ein Teil des klerikalen Establishments. Bevor er kandidierte, holte er sich noch die Zustimmung des Obersten Religiösen Führers, Ali Chameini. Der erteilte Chatami seinen Segen, auch weil er damit rechnete, dass dieser bei den Wahlen keine Chance hätte. Kaum jemand hatte mit einem Sieg des sanftmütigen Außenseiters Chatami gerechnet.

Er gewann aber, weil sich die große Mehrheit der Menschen nach grundlegenden Reformen sehnte, in der Innen- wie in der Außenpolitik. Die Wähler suchten einen Weg zurück in die Welt, allerdings bedeutete das nicht, dass sie die Islamische Republik als solche ablehnten. Sie suchten nach einer Erneuerung, nicht unbedingt nach einem Bruch mit dem System.

Reformen waren bitter nötig. Der Iran war und ist wirtschaftlich in einer schwierigen Lage. Die Auslandsschulden lagen gegen Ende der neunziger Jahre bei rund siebzehn Milliarden Dollar. Die Inflation pendelte zwischen zwanzig und fünfzig Prozent. Das Pro-Kopf-Einkommen der Iraner lag zum Zeitpunkt der Wahl Chatamis nach Angaben des Internationalen Währungsfonds weit unter dem von 1977. Die Korruption grassierte. Das Land exportiert kaum weltmarktfähige Güter. Öl ist das einzige wirkliche Exportgut. 85 Prozent des gesamten Auslandseinkommens werden vom Ölexport generiert.

Die Abhängigkeit vom Ölexport ist eine der Stärken und gleichzeitig der größten Schwächen des Landes. Als beispielsweise die Preise für Öl 1984 plötzlich fielen, sanken die Öleinkommen innerhalb von zwei Jahren von einundzwanzig Milliarden Dollar auf sechs Milliarden im Jahr 1986. Nun wird Öl zwar seit Jahren wieder teurer, mehr als Zeitgewinn für das Regime ist dies aber nicht. Denn die Verletzlichkeit ist geblieben. In Wirklichkeit braucht der Iran strukturelle Reformen, und er braucht vor allem Auslandsinvestitionen. Der neu gewählte Präsident Mohammed Chatami umschrieb das Problem 1997 mit ein paar dürren Zahlen: »Wir müssen 760000 bis 800000 Jobs im Jahr schaffen.« Dafür bedurfte es nach Berechnungen der Ökonomen eines jährlichen Wachstums von 6,7 Prozent und rund achtzehn Milliarden Dollar Auslandsinvestitionen.

Die Ökonomen stellten an die iranische Jobmaschine bald noch höhere Anforderungen, denn seit Ende der neunziger Jahre drängen jährlich rund 1,8 Millionen neue Arbeitskräfte auf den Markt. Das rasante Bevölkerungswachstum ist vor allem eine Erbschaft der Revolution. Das revolutionäre Regime wollte einen Babyboom, weil es sich davon einen Zuwachs an Macht versprach – und sei es nur in Form von Soldaten auf den Schlachtfeldern. Am kinderreichsten war das Jahrzehnt zwischen 1976 und 1986. Die Bevölkerung nahm um fünfzig Prozent zu. Die Hauptstadt Teheran hatte 1970 zwei Millionen Einwohner, im Jahr 2004 waren es rund zwölf Millionen. Jede Wirtschaft der Welt hätte größte Schwierigkeiten, ein solches Wachstum zu verkraften, und nun erst recht die iranische, die in vieler Hinsicht nicht in der effizientesten Form organisiert ist. Das eindeutigste Zeichen für die Krise der iranischen Wirtschaft und Gesellschaft ist die massenweise Abwanderung junger, qualifizierter Leute ins Ausland. Die Zahlen lassen sich nicht genau feststellen, aber in zuverlässigen Schätzungen ist die Rede von zweihunderttausend Menschen pro Jahr, die dem Iran den Rücken kehren.

Chatamis Präsidentschaft war von Beginn an eine

Gratwanderung. Er musste sein Land öffnen und berechenbarer machen, gleichzeitig aber durfte er nicht den Eindruck erwecken, dadurch die Islamische Republik in Frage zu stellen. Kurz nach Amtsantritt gab er westlichen Nachrichtensendern mehrere Interviews. Die USA ließ er wissen, dass man nun darangehen müsse, »die hohen Mauern des Misstrauens« einzureißen. Die Europäer schickten bald wieder ihre Botschafter nach Teheran, vergessen schien der mehrfache politische Mord im »Mykonos«. Chatami nahm das großspurige Wort vom »Dialog zwischen den Zivilisationen« in den Mund. Dieser Slogan passte so recht zu seinem Image des sanften, intellektuellen Mullahs, der Goethe nicht nur gelesen hatte, sondern auch zitieren konnte. Er passte auch zu dem Selbstverständnis der iranischen Nation, die gern eine kulturelle Überlegenheit gegenüber ihren Nachbarn im Nahen Osten für sich reklamiert; und er gefiel all jenen, die die hässlichen Mordgeschichten des Regimes vergessen machen wollten und nur allzu bereit waren, den Iran wieder in die Arme zu schließen, um Geschäfte zu machen. Iran, daran besteht kein Zweifel, ist mit seinen natürlichen Ressourcen und seinem großen Inlandsmarkt mit heute zweiundsiebzig Millionen Einwohnern ein viel versprechendes Terrain.

In einem wichtigen Punkt machte Chatami sein Land in der Tat berechenbar. Nach seiner Wahl gab es keine politischen Attentate und Morde im Ausland mehr gegen Einrichtungen und Repräsentanten der USA oder anderer westlicher Staaten. In dieser Hinsicht hatte die Wahl Chatamis eine gewisse Zivilisierung zur Folge.

Nur Israel bekam davon nichts zu spüren. Die Hesbollah im Libanon setzte ihre gewalttätigen Aktionen fort. Der Iran reduzierte zwar seine materiellen Hilfen für diese Organisation, aber ideologisch rückte er keinen Millimeter von ihrer Seite ab. Im Jahr 2000 erlebte die Hesbollah in ihrer Eigenwahrnehmung eine Sternstunde. Die israelische Armee entschloss sich nach fast zwanzig Jahren Besetzung zum Rückzug aus dem Süden Libanons. Die Hesbollah feierte sich selbst als die Kraft, die durch ihren jahrelangen Krieg gegen Israel den Abzug seiner Soldaten erreicht habe. Zum ersten Mal, so hieß es aus den Kreisen der Hesbollah, sei bewiesen worden, dass man Israel militärisch besiegen könne. Dies hatte unter anderem den Effekt, dass auch palästinensische Gruppen dem Glauben verfielen, Israel tatsächlich mit Gewalt in die Knie zwingen zu können.

Im Januar 2002 stieß die israelische Küstenwache auf einen skandalösen Fund. Sie fing im Roten Meer, dreihundert Meilen vor der eigenen Küste, das palästinensische Schiff »Karine A« ab. Es hatte fünfzig Tonnen Waffen geladen, darunter auch russische Katjuscha-Raketen mit einer Reichweite von zwanzig Kilometern. Die »Karine A« war nach israelischen Angaben im Iran beladen worden. Premierminister Ariel Sharon nahm den Fall zum Anlass, den Iran als »Speerspitze eines internationalen Terrornetzwerks« zu bezeichnen. In diesem Fall sollte die palästinensische Intifada mit Waffen versorgt werden. Die iranischen Behörden behaupteten, sie hätten damit nichts zu tun – was allerdings wenig glaubwürdig klang. Die Regierung Chatami stand international am Pranger. Der Präsident, der jahrelang versucht hatte, zumindest innerhalb eines von der Islamischen Revolution eng gesteckten Rahmens, international neue Glaubwürdigkeit und damit Spielraum zu gewinnen, stand schwer angeschlagen da.

Wer im Iran die »Karine A« mit Waffen hatte beladen lassen, ließ sich bis heute nicht klären. Es war wieder ein für den Iran typischer Fall. Während ein Teil der Macht kompromissbereit war, hintertrieb ein anderer Teil diese Politik. Die alten Fragen stellten sich wieder: Wer regiert den Iran? Wem soll man glauben? Wer kann etwas durchsetzen?

Nach dem Rückzug der Israelis aus dem Südlibanon sagte der iranische Außenminister Kamal Charrasi in einem Interview mit dem amerikanischen Nachrichtenmagazin *Newsweek* über die Hesbollah: »Sie ist eine legitime Partei im libanesischen politischen System, die gegen die Besetzung des Landes Widerstand geleistet hat. Sie war in der Lage, das annektierte Gebiet zu befreien, und ist in der ganzen Region respektiert. Wir betrachten sie nicht als Terroristen, sondern als Freiheitskämpfer!« Im Kern also hatte sich nichts geändert. Der Iran bekannte sich auch unter Chatami zur Hesbollah, die zum großen Teil seine Kreatur ist und sich vieler terroristischer Aktionen schuldig gemacht hat – von Entführungen und Bombenanschlägen bis hin zu Selbstmordattentaten.

Die Liebe der Iraner zur Hesbollah wird von allen Lagern geteilt. Mohammed Chatami selbst traf sich mehrmals mit Scheich Hassan Nasrallah, dem Führer der Hesbollah, und erklärte, diese Gruppe habe »das natürliche Recht, ja sogar die heilige nationale Pflicht«, Palästinenser gegen Israel zu verteidigen. Gewiss, damals hatte sich die Hesbollah gewandelt. Längst schon war sie nicht mehr nur eine gewalttätige Organisation, sondern auch eine politische Partei. Im 128 Mitglieder zählenden libanesischen Parlament ist sie heute mit dreiundzwanzig Abgeordneten vertreten. Das ist auch der Grund, warum sie die Europäer nicht auf die Liste der terroristischen Organisationen setzen wollen, so wie das die USA verlangen.

Trotz der demonstrativ hoch gehaltenen Verbindung mit der Hesbollah war den Reformern durchaus bewusst, dass die junge Bevölkerung, von der sie vor allem gewählt worden waren, wenig Verständnis für das Engagement im Libanon hatte. Der Konflikt mit Israel erschien diesen jungen Menschen unverständlich. Sicher, sie fühlten sich als Muslime solidarisch mit den Schiiten im Libanon und auch mit den sunnitischen Palästinensern, die unter israelischer Besetzung litten. Aber sie verstanden nicht recht, warum der Iran in diesem Nahostkonflikt eine so exponierte Rolle spielen wollte.

Warum sich mit Israel auf diese Weise anlegen? Das war die Frage, die insgeheim gestellt wurde. Was bringt das? Liegt es denn im Interesse des Iran? Diese Fragen zielten auf den Kern des islamischen Universalismus Chomeinis. In dieser Weltsicht rangiert Israel ganz oben, als Todfeind Nummer zwei nach dem Todfeind Nummer eins, den USA. Würde diese Chomeini'sche Weltordnung in Frage gestellt, bedeutete dies auch eine Rückkehr zu einer nüchternen Außenpolitik, welche die Interessen der Nation und nicht die Religion zur Grundlage machte.

Ein Blick auf die Landkarte genügte, um zu erkennen, dass die Iraner wenig mit dem Libanon zu schaffen hatten und noch weniger mit dem Gazastreifen oder dem Westjordanland. Ihr Interesse lag in den angrenzenden Ländern, im Irak, in Afghanistan, in Pakistan, in den zentralasiatischen Republiken. Hier hatte sich im Laufe der neunziger Jahre Dramatisches verändert, und fast nichts von diesen Veränderungen konnte auf den Iran beruhigend wirken.

Saddam Husseins Armee war 1991 durch die Intervention einer von den USA geführten Koalition aus Kuwait vertrieben und entscheidend geschwächt worden. Das war für den Iran, der acht Jahre lang Krieg mit Saddam geführt hatte, sicherlich keine schlechte Nachricht. Saddam aber ging nach seiner Niederlage daran, die aufständischen Schiiten blutig zu unterdrücken. Das konnte den Iran potenziell in Verlegenheit bringen, weil

Saddams grausame Repression in Teheran Fragen nach der Solidarität mit den Glaubensbrüdern jenseits der Grenze aufwarf. Gleichzeitig hatte sich nach 1991 im Norden des Irak unter dem Schutzschirm der USA eine kurdische De-facto-Autonomie gebildet, die sich mit jedem Jahr weiter verfestigte. Sie konnte durchaus auf die Kurden des Iran ausstrahlen und dort Autonomiebestrebungen bis zur Abspaltung anspornen. In Teheran weckte dies alte Ängste. Es wäre nicht das erste Mal gewesen, dass die territoriale Integrität des Iran bedroht würde. Schah Mohammed Resa hatte einen großen Teil der dreißiger Jahre damit zugebracht, Aufstände abspaltungswilliger Kurden und Aserbaidschaner niederzuschlagen. Der Iran ist ein unsicherer Staat.

An der östlichen Grenze etablierte sich in Afghanistan seit 1996 das steinzeitliche Regiment der Taliban. Mit Ausnahme eines kleinen nördlichen Zipfels kontrollierten sie das ganze Land. Die sunnitischen Taliban waren gegen den schiitischen Iran äußerst feindlich gestimmt. Sie verfolgten die afghanischen Hasara wegen ihres schiitischen Glaubens mit grausamer Härte, was im Iran als Provokation empfunden wurde. Im Mai 1998 kam es zwischen dem Iran und den Taliban beinahe zum Krieg. Nachdem die Taliban in Masar-e Scharif kurzerhand dreizehn iranische Diplomaten erschossen hatten, mobilisierte der Iran zweihunderttausend Soldaten, die an der Grenze Aufstellung bezogen. Zu einem Einmarsch allerdings konnten sich die Iraner nicht entschließen, was ein Beleg für eine realistische Einschätzung der eigenen Möglichkeiten war. Das Regime wusste sehr wohl, dass das Land nicht für einen neuen Krieg gerüstet war und dass es nicht den langen Atem hatte, der nötig gewesen wäre, um die Taliban in dem unübersichtlichen Terrain Afghanistans zu besiegen.

Pakistan, im Südosten des Iran gelegen, galt in den

neunziger Jahren als »failed state«, als ein Staat, der an seinen ethnischen und religiösen Differenzen zu zerbrechen drohte. Hinzu kam, dass sich das Land 1998 durch zur Explosion gebrachte Nuklearsprengsätze offen als Atommacht deklarierte, was die USA umgehend mit Sanktionen belegten. Pakistan war nach Washingtoner Diktion ein Schurkenstaat. Was würde geschehen, wenn der Staat tatsächlich zerfallen sollte, wie es viele Experten befürchteten. Was sollte etwa der Iran tun, wenn die pakistanische Grenzregion Balutschistan die Unabhängigkeit erklärte? Wie würden die iranischen Balutschen darauf reagieren? In welche Hände würden die pakistanischen Atomwaffen geraten? Und was würde geschehen, wenn es zu einem Krieg zwischen Pakistan und Indien käme? Musste der Iran dann nicht mit weiteren Hunderttausenden Flüchtlingen rechnen? Wie viele konnte er noch aufnehmen, nachdem er im Laufe der neunziger Jahre schon Millionen Afghanen und Iraker aufgenommen hatte? Das waren lauter brennende Fragen, die den Iran als unmittelbares Nachbarland Pakistans beschäftigten.

Auch an seinen nördlichen Grenzen konnte der Iran in den neunziger Jahren nichts als Instabilität erkennen. Die Sowjetunion war 1991 zerfallen. Für den Iran mochte das eine willkommene Nachricht sein, denn die UdSSR (und das zaristische Russland) zählten mit Großbritannien und den USA zu den historischen Interventionsmächten. Nun gab es die Sowjetunion nicht mehr, und der Nachfolgestaat Russland war zu sehr mit sich selbst beschäftigt, um sich etwa in iranische Angelegenheit einzumischen. Nicht weniger als drei neue Republiken wurden zu Irans Nachbarn: Turkmenistan, Aserbaidschan und Armenien. Alle diese Staaten erlebten gewaltsame innere Konflikte. Bis heute sind sie sehr fragile Gebilde geblieben. Weder Zentralasien noch der Kaukasus sind zur Ruhe gekommen – ganz im Gegenteil, gerade der Kaukasus scheint sich im Gefolge des Tschetschenienkrieges mehr und mehr zu destabilisieren.

Das also war das Bild, das sich dem Iran in den neunziger Jahren in seiner unmittelbaren Nachbarschaft bot. Es fehlte nicht an Gefahren. Insgesamt bemühte sich die Außenpolitik des iranischen Regimes vor allem um regionale Stabilisierung. Das Land war zu erschöpft, um etwa neuerliche militärische Abenteuer bestehen zu können. Gegenüber den Taliban reichte die Kraft gerade für ein militärisches Muskelspiel. Der Iran verabschiedete sich von der Außenpolitik, in der der Islam ein Dreh- und Angelpunkt gewesen war. Wie sehr das der Fall war, zeigt das Verhalten im Tschetschenienkonflikt. Die Regierung in Teheran betonte immer wieder, dass es sich dabei um eine »innere Angelegenheit Russlands« handle. Keine Wort davon, dass in Tschetschenien eine muslimische Bevölkerung Opfer eines grausamen Krieges war, kein Wort der Solidarität, geschweige denn der tätigen Hilfe. Ganz im Gegenteil, der Atomhandel mit Russland florierte gerade in den Jahren, in denen die tschetschenische Hauptstadt Grosny dem Erdboden gleichgemacht wurde. Der Iran hatte sich weit von seinem islamischen Universalismus entfernt. Von Tschetschenien aus betrachtet war die Solidarität des Iran mit den Palästinensern nichts weiter als ein Überbleibsel aus der revolutionären Vergangenheit – man würde es lieber heute als morgen loswerden.

Innenpolitisch war die Regierung Chatami vor Aufgaben gestellt, die nicht weniger schwierig zu bewältigen waren. Chatamis Wahl hatte große Hoffnungen geweckt, teils hatte er selbst Versprechungen gemacht, teils waren die Reformerwartungen insbesondere der jungen Bevölkerung überwältigend. Der Druck war groß, zu groß vielleicht. Jedenfalls sollte sich bald Enttäuschung im Land ausbreiten. Chatami und seine Berater glaubten an die gesellschaftsverändernde Wirkung des freien Wortes. Wenn das Wort erst einmal befreit sei, würde alles andere folgen. Deshalb auch förderte die Regierung die Presse. Zeitungen und Zeitschriften schossen in diesen Jahren wie Pilze aus dem Boden. Das strenge Regiment der Mullahs schien sich aufzulockern. Auf den Straßen Teherans bekam man jetzt Dinge zu sehen, die noch kurz zuvor unvorstellbar gewesen waren, Paare, die Händchen haltend spazieren gingen, kessbunte Schleier umrahmten grell geschminkte Mädchengesichter, und an den Universitäten war die zunehmende Aufmüpfigkeit der Studenten zu spüren. Es wurde so viel und so offen diskutiert wie nie zuvor in der Geschichte der Islamischen Republik, sogar über deren Grundlagen. Ob der Islam eine dominierende Rolle im Staat spielen sollte oder nicht, das war im Grunde die Frage, von der alles andere ausging.

Musste man nicht die Macht des Obersten Religiösen Führers beschneiden, und musste nicht insgesamt die Bedeutung des gewählten Parlaments gegenüber dem Wächterrat ausgeweitet werden? Es ging um mehr Demokratie und weniger Theokratie. Die Gesellschaft verselbständigte sich gegenüber der Politik. Im Iran summte es wie in einem Bienenkorb. Chatamis Kalkül, wenn es denn eines war, schien aufzugehen. Er glaubte, die Islamische Republik demokratisieren zu können, ohne sie zu zerstören.

Die so genannten konservativen Kräfte des Landes harrten in der Zwischenzeit in ihren Zitadellen aus. Sie registrierten, dass sich draußen vor den Toren alles zu ändern schien, und sie warteten geduldig auf ihre Stunde. Sie waren zuversichtlich, denn sie hatten alle wichtigen Mittel in der Hand. Chatami mochte zwar die Wähler auf seiner Seite haben, die jungen Leute, die Intellektuellen, die Journalisten, aber er besaß keines der Instrumente, die in einer echten Auseinandersetzung wirklich zählten. Er hatte weder den harten Knüppel der Polizei noch die strengen Urteile der Gerichte. Und er hatte nicht den Zugriff auf die höchste Macht im Staat. Im Amt des Obersten Religiösen Führers saß mit Ali Chameini ein Betonkopf.

Die Konservativen zeigten bald, dass sie bereit waren, um die Macht zu kämpfen. Sie sandten die ersten schrecklichen Botschaften aus. Von November 1998 bis Dezember 1999 erschütterte eine Mordserie das Land, der unter anderem die Schriftsteller Dariusch Forouhar und seine Frau Parvaneh, Mohammed Mochtari und Mohammed Jafar Pujandeh zum Opfer fielen. Das Land stand unter Schock.

Präsident Chatami setzte eine Untersuchungskommission ein, die im Januar 2000 erklärte, dass Elemente innerhalb des Sicherheitsministeriums für die Morde verantwortlich seien. Tatsächlich wurden Ende Januar achtzehn Sicherheitsbeamte vor ein Gericht gestellt und teils zu hohen Haftstrafen, teils sogar zum Tode verurteilt. Präsident Chatami erhielt außerdem die Zustimmung des Parlaments, einen neuen Chef für das Sicherheitsministerium einzusetzen. Das schien ein Sieg Chatamis zu sein, der seinen Wählern Transparenz und die Herrschaft des Rechts versprochen hatte. Aber viele Menschen hatten das Gefühl, dass wieder nur Sündenböcke bestraft wurden und nicht die Männer, die wirklich verantwortlich waren. Außerdem war bei den Iranern die Terrorbotschaft angekommen, die durch die Mordserie verbreitet werden sollte. Wir sind zu allem bereit, das war die Nachricht gewesen. Sie war verstanden worden.

Ein halbes Jahr nach den Urteilen kam es zu Studentenunruhen in Teheran, die den Wendepunkt für die Präsidentschaft Chatamis bedeuteten. Tausende gingen auf die Straße, um gegen die Schließung der Zeitung *Salaam* zu protestieren. Sie hatte über Pläne der Sicherheitsdienste geschrieben, verschiedene Reformzeitungen zu verbieten oder zumindest einer Zensur zu unterwerfen. Die Wachhunde der Revolution reagierten mit harter Hand. Polizisten und Basitschi verprügelten die Studenten. Die Bilder verbreiteten sich schnell im Iran, und die Öffentlichkeit empörte sich darüber. Das Regime zog sich zurück, offenbar besorgt über die Stimmung im Volk. Das war ein Zeichen, dass es über seine geringe Popularität sehr wohl Bescheid wusste. Nie seit 1979 war man wohl so nahe an den Sturz des Regimes gekommen. Die Demonstranten zogen wieder durch die Straßen, es kam zu gewalttätigen Szenen. Die Stimmung in der Bevölkerung wendete sich. Sie hatte offensichtlich Angst, die Lage könnte außer Kontrolle geraten. Diesmal konnten die Polizisten durchgreifen, ohne einen allgemeinen Aufstand zu befürchten. Während dieser gesamten Auseinandersetzung schwieg Präsident Chatami, und er schwieg auch, als die Studenten in einer ersten Welle der Repression niedergeknüppelt wurden. Das haben ihm viele junge Iraner nie verziehen. In ihren Augen war Chatami nicht viel mehr als das sanfte Gesicht des Regimes – eine Alternative war er nicht.

In den Jahren danach schloss die konservative Justiz Zeitung um Zeitung, sie sperrte Journalisten ein, ließ sie wieder frei, sperrte sie wieder ein. Im Frühjahr 2002 erging eine besondere Warnung der Teheraner Justizbehörde an die Presse des Landes: Jeder Artikel, der auf irgendeine Weise Verhandlungen mit den USA befürworte, würde als ein Verbrechen beurteilt werden. Zur selben Zeit sagte der Oberste Religiöse Führer Ali Chameini, jeder Dialog mit den USA sei eine »Beleidigung für das iranische Volk«, die einem »Verrat und einer Dummheit« gleichkomme. Es war ein langer Zermürbungskrieg, der die Kräfte der Reformer nach und nach schwächte.

Mohammed Chatami wurde 2001 erneut als Präsident gewählt, allerdings war nur noch wenig von der Begeisterung zu spüren, die ihn nur vier Jahre zuvor ins Amt gespült hatte. Er selbst sagte, dass »eine Hoffnungslosigkeit über unserem Land liegt«. Aber die Menschen waren eher enttäuscht als mutlos. Sie hatten mehr, viel mehr von ihm erwartet, zu viel. Während sie noch 1998 durchaus der Meinung waren, man könne innerhalb des Systems grundlegende Reformen durchsetzen, ergab eine Umfrage im Jahr 2002, dass 71 Prozent der Befragten eine neue Regierungsform wollten und 63 Prozent eine fundamentale Änderung des Systems. Die Enttäuschung schlug sich in niedrigen Wahlbeteiligungen nieder. Die konservativen Kräfte nutzten dies, um nach und nach die Positionen zurückzugewinnen, die sie seit 1997 verloren hatten. Ein erstes Zeichen setzten die Kommunalwahlen im Frühjahr. Die Konservativen gewannen unter anderem die Wahlen in Teheran. Bürgermeister wurde ein Mann namens Machmud Achmadinedschad, der bis dahin nie als herausragende Figur aufgefallen war. Die Wahlbeteiligung in Teheran betrug zwar nur rund achtzehn Prozent, aber das war den Konservativen herzlich egal, denn sie hielten ohnehin wenig von Demokratien. Außerdem: War das nicht vor allem ein Beweis für das Scheitern der acht Jahre lang regierenden Reformer? Waren nicht sie dafür verantwortlich, dass die Menschen offensichtlich nicht an die Demokratie glaubten?

Im Februar 2004 gewannen die Konservativen die Mehrheit im Parlament, nachdem der Wächterrat einen

Großteil der reformorientierten Kandidaten kurzerhand ausgeschlossen hatte. Viele Parlamentarier versuchten, das Volk durch einen wochenlangen Sitzstreik auf ihre Seite zu bringen und es zu Protesten zu mobilisieren. Aber es half nichts. Das Volk ging seine eigenen Wege. Die Reformer waren nur noch ein Teil des Systems, und dieses System der Islamischen Republik war das Problem. Die Menschen entzogen ihm ihre Unterstützung. Sie zogen sich in das Private zurück, und keiner konnte sagen, ob und wann sie wieder in Massen daraus hervorkommen würden, um ihre Rechte einzufordern. Prognosen wagte niemand. Die iranische Geschichte ist voller Eruptionen, die keiner vorausgesehen hatte, weder Ausländer noch Iraner.

Niemand im Iran machte sich Illusionen darüber. Das bereitete nicht nur den Reformern Sorge, sondern auch den Klerikern und den konservativen Kräften des Regimes. Es gab angesehene Geistliche, die in harschen Worten den Missbrauch der Religion beklagten, und es gab konservative Politiker, die durchaus begriffen, dass das gesamte System bedroht war. Eine der Konsequenzen, die sie daraus zogen, bestand in dem Versuch, die gesellschaftlichen Veränderungen rückgängig zu machen, die Chatamis achtjährige Regierung gebracht hatte. Die Straßen waren bunter geworden, und sie blieben es auch, die Menschen schimpften über das Regime in einer Art, wie sie es vor Chatami nicht getan hätten, und keine Autorität versuchte das zu unterbinden; die Reformer waren zwar in den Zitadellen der Macht gescheitert, aber sie hatten den Diskurs verändert. Selbst konservative Politiker sprachen nun von Veränderung und ohne Scheu auch über die Probleme des Landes – nicht über alle freilich, aber doch über vieles, was zuvor tabu gewesen war, von HIV und Drogenmissbrauch bis hin zu den Mängeln des Systems.

Nein, der Iran war nicht liberal geworden, im Gegenteil. Sämtliche Diskussionen fanden vor dem Hintergrund der Niederlage der Reformer statt. Fast alle liberalen Zeitungen waren geschlossen worden, alle Institutionen und Ämter waren wieder in der Hand der Konservativen, und ab und an schickten sie ihre Greiftrupps aus, um jemanden ins Gefängnis zu werfen, dort zu misshandeln, festzuhalten oder freizulassen, auf dass er als Botschafter des Terrors in die Gesellschaft zurückkehre. Nein, die Menschen sollten ruhig Angst haben, nicht zu viel, aber doch genug, um nicht aufzubegehren. Das Pendel schlug eindeutig zu Gunsten der Autoritären aus.

Das Regime und das Volk, beide belagerten sich stumm. Beide misstrauten einander, fürchteten und hassten sich. Das Regime wusste um seine Lage, und es versuchte nun, daraus zu entkommen, indem es Politik auf eine simple Frage des Managements reduzierte. Machmud Achmadinedschad gewann die Präsidentschaftswahlen im Juni 2005 auch deshalb, weil er sich als Macher präsentierte, als Mann, der die konkreten Probleme der Menschen lösen könne. Es schien so, als glaubten auch altgediente Vertreter des Regimes ihrer eigenen revolutionären Rhetorik nicht mehr, auch sie schienen erschöpft, erschöpft freilich von dem Übermaß an Privilegien, die sie genossen und die sie auf keinen Fall wieder abgeben wollten. Sie flüchteten sich in einen neuen Pragmatismus und stützten sich dabei auf einen unausgesprochenen Handel mit der Bevölkerung, der ungefähr Folgendes besagte: Wir sorgen dafür, dass die Preise niedrig bleiben, dass die Miete bezahlbar und die Krankenversorgung ordentlich ist – ihr belasst uns an den Hebeln der Macht, ohne uns weiter zu stören; wir tun alles, um Arbeitsplätze zu schaffen, das Wachstum anzukurbeln, Investitionen ins Land zu holen – ihr stellt die Fundamte der Islamischen Republik nicht in Frage, denn das ist die Grundlage unserer Macht. Ihr tut so, als glaubt ihr unserem Revolutionsgerede, und wir tun so, als folgt ihr uns. Das war eine brüchige Verbindung, aber vorerst die einzig mögliche. Bald schon ergaben sich für das Regime neue Chancen, Brücken zwischen sich und dem Volk zu bauen. Die Atomtechnik sollte dabei eine wichtige Rolle spielen.

Der 11. September 2001 leitete auch im Iran eine neue Zeit ein. Die Regierung Bush antwortete auf dieses terroristische Massenverbrechen mit einer Kriegserklärung. Die US-Truppen stürzten die Taliban in weniger als sechs Wochen und installierten eine neue Regierung. Der Erzfeind USA stand nun zum ersten Mal in der Geschichte in Afghanistan, einem Nachbarn des Iran, mit dem er mehr als tausend Kilometer Grenze teilt. Im Januar 2002 hielt George W. Bush die traditionelle Rede an die Nation und verwendete dort das berühmt-berüchtigte Wort von der »Achse des Bösen« – Irak, Iran, Nordkorea waren die Staaten, die er ins Fadenkreuz genommen hatte. Bush sagte dies wenige Wochen nachdem er einen Feldzug gegen Afghanistan geführt hatte. Die Formulierung »Achse des Bösen« konnte im Iran kaum anders denn als konkrete Bedrohung aufgefasst werden.

Das Teheraner Regime verhielt sich auffallend ruhig. Es verfolgte in der Region sogar eine konstruktive Politik. Im Osten Afghanistans etwa hat der Iran großen Einfluss und half diskret mit, die Taliban zu stürzen. Ismail Khan war in Herat der lokale Herrscher. Er war 1995 von den Taliban verhaftet worden, aber nach einiger Zeit über die Grenze in den Iran entkommen, wo er militärisch und finanziell unterstützt wurde. Der Iran hatte nicht nur Khan mit Waffen und Geld ausgestattet, er hatte 1996 auch versucht, die Einnahme Kabuls durch die Taliban zu verhindern, indem er die Nordallianz mit Waffen und Material versorgte. Im Herbst 2001 war diese Nordallianz der wichtigste Verbündete der Amerikaner in Afghanistan. Ohne sie wäre der Krieg für die USA nicht so gut verlaufen. Auch später taten die Iraner alles, um den von den USA eingesetzten Regierungschef Hamid Karsai zu stützen. Sie bewegten beispielsweise Ismail Khan, den Herrn über Herat, dazu, an Karsais Inauguration in Kabul teilzunehmen, und sie erhoben auch keine Einwände, als er im Jahr 2004 de facto von der afghanischen Zentralregierung entmachtet wurde.

Was für Afghanistan galt, das sollte 2003 auch für den Irak gelten. Der Iran hielt sich aus dem Konflikt heraus, obwohl er zusammen mit dem Irak und Nordkorea auf der »Abschussliste« Washingtons stand. Natürlich konnte es dem Iran einerseits nur recht sein, dass der Erzfeind Saddam Hussein gestürzt wurde, andererseits besetzte der Todfeind USA nun ein weiteres Nachbarland. Die »Zusammenarbeit« in Afghanistan hatte nicht dazu geführt, dass die USA ihre Haltung gegenüber Teheran aufweichten. Im Gegenteil, sie beschuldigten das Regime, es beherberge Al-Qaida-Mitglieder und schütze sie vor dem Zugriff der Amerikaner – ein Vorwurf, der im Falle Afghanistans immerhin einen Krieg nach sich gezogen hatte.

Der Iran blieb bei seiner Politik der aktiven Neutralität. Er verhielt sich während der Invasion im Irak ruhig und traf nach dem Sturz Saddams klare Entscheidungen. So erkannte er als einer der ersten Staaten die von den USA eingesetzte irakische Regierung an. Es wurden nicht einmal Proteste laut, als während des Krieges im März 2003 amerikanische Flugzeuge den iranischen Luftraum verletzten und versehentlich Bomben abwarfen. Natürlich, in manchen Freitagspredigten auf dem

Gelände der Teheraner Universität ertönten wieder die alten propagandistischen Parolen. Aber alles in allem verhielt sich Teheran im Stillen konstruktiv. Es ermöglichte Dinge und unterband sie nicht.

Freilich, das ist nur die eine Seite der Geschichte. Im Iran entfalten sich immer mehrere Prozesse parallel, neben dem Hauptfilm der Kooperation läuft stets ein Nebenfilm der Obstruktion. Während Teheran in Afghanistan vieles tat, um den von den USA gesponserten Kandidaten Hamid Karsai zu unterstützen, verschwand im Frühjahr 2002 der afghanische Warlord Gulbuddin Hekmatjar aus dem Iran. Hekmatjar war in den achtziger Jahren einer der berüchtigten Kriegsherren gewesen. Nach der Machtübernahme durch die Taliban 1996 hatte er im Iran Zuflucht gefunden und dort, beschützt von den iranischen Behörden, ein relativ zurückgezogenes Leben geführt. Er musste sich auch mit öffentlichen Aussagen zurückhalten. Hekmatjar war vielleicht eine Art stille Reserve, ein Mann, den man immer wieder gegen die USA einsetzen und mobilisieren konnte, falls es nötig werden sollte. Kurz nachdem er aus dem Iran verschwunden war, rief er seine Anhänger zum Heiligen Krieg gegen die amerikanischen Besatzer in Afghanistan auf. Die iranischen Behörden behaupteten, sie hätten Hekmatjar schlicht aus den Augen verloren und wüssten nicht, wo er sei. Eine sehr fragwürdige Stellungnahme.

Eine ähnliche zweideutige Strategie verfolgte der Iran auch im Irak. Offiziell betrieb er eine Politik der Zurückhaltung, gleichzeitig aber machte er seinen Einfluss geltend, den er im Irak durchaus hatte. Wie stark dieser ist, lässt sich schwer einschätzen. Die Mehrheit der Iraker ist schiitischen Glaubens, aber das muss noch nichts über die Macht Teherans im Irak aussagen. Zwei große Parteien der Schiiten, der SCIRI (Supreme Council of

Islamic Revolution im Irak) und die Al-Dawa-Partei, haben starke Verbindungen zu Teheran. Die gesamte Führung des SCIRI lebte mehr als zwanzig Jahre lang, bis zum Sturz Saddams, im iranischen Exil, und gleichzeitig verfügt diese Organisation mit den Badr-Brigaden über eine zehntausend Mann starke, gut bewaffnete Miliz. Auch gibt es enge Kontakte des iranischen Klerus zu den irakischen Geistlichen in den heiligen schiitischen Städten Nadschaf und Kerbala.

US-Verteidigungsminister Donald Rumsfeld warnte den Iran unmittelbar nach dem Fall Bagdads immer wieder davor, sich im Irak einzumischen. Er behauptete, der Iran setze sich mit »organisierten Elementen« im Irak fest. Was genau er damit meinte, ließ er offen. Die Öffentlichkeit aber nimmt inzwischen mit einer gewissen Selbstverständlichkeit an, dass der Iran auch hinter vielen Attentaten und Angriffen auf US-Soldaten stehe. Das Problem war nur, dass nichts von dem bewiesen werden konnte – oder, anders gesagt, es gab immer wieder Hinweise auf ein politisches Doppelspiel: Teheran kooperierte, Teheran opponierte, Teheran war konstruktiv, Teheran sabotierte.

Diese zwei Wirklichkeiten begleiten Teherans Politik in allen Bereichen, in innenpolitischen wie in außenpolitischen. Sie liegen miteinander im Dauerstreit. Demokratie und Theokratie, Liberalität und Repression, Integration und Isolation. Immer gibt es beides. Und um die Verwirrung noch zu steigern, treten die Akteure auf beiden Ebenen auf, zuweilen mit vertauschten Rollen.

Was bedeutet dies für die Frage, ob der Iran Atommacht werden will oder nicht? Kann man über eine Analyse der letzten Jahrzehnte iranischer Geschichte eine Antwort gewinnen?

Seit dem Tod Chomeinis ist die iranische Außenpolitik im Wesentlichen defensiv ausgerichtet. Vieles, wenn nicht alles, was das Regime seit Anfang der neunziger Jahre unternommen hat, zielt vor allem auf das Überleben des Systems ab. Das ist ein sehr schwieriges Unterfangen, weil das Regime unter doppeltem Druck steht, von außen wie von innen. Außen hat eine Militarisierung der Region stattgefunden. Im Inneren leidet das System unter einem Legitimationsmangel, der gefährlich werden könnte. Kurzum, die Islamische Republik Iran ist schwach.

Diese Schwäche des Systems lässt sich ausgerechnet an seinem sich so stark gebärdenden Präsidenten Machmud Achmadinedschad nachweisen. Im Juni 2005 wurde er völlig überraschend zum Präsidenten gewählt. Seine Gegner, und nicht nur sie, sprechen von Wahlbetrug, und es ist sehr wahrscheinlich, dass es ihn gegeben hat. Trotzdem, Achmadinedschad gewann im zweiten Wahlgang siebzehn Millionen Stimmen gegen seinen Gegenkandidaten Rafsandschani, ein Ergebnis, das schwer durch Fälschung zu erzielen ist. Achmadinedschad gewann vor allem, weil er als Robin Hood der Armen auftrat. Er war während des Wahlkampfes der Einzige, der die wachsende Kluft zwischen Arm und Reich im Iran zum Thema machte. Soziale Gerechtigkeit ist eines der zentralen Versprechen der Revolution gewesen. Es wurde nicht gehalten. Die Elite im Iran hat sich zu einer mehr oder weniger korrupten Kaste entwickelt, die sich um das Schicksal des Volkes wenig schert. Rafsandschani ist in den Augen der Iraner das Symbol für diese Fehlentwicklung. Ganz egal ob Konservative oder Reformer, die Distanz zum Volk ist unüberbrückbar geworden. Der Abgrund zwischen Oben und Unten ist inzwischen so groß, dass er die Islamische Republik als solche gefährdet. In den Machtzentralen Teherans ist Angst zu spüren, es ist die Angst vor der eigenen Schwäche. Achmadinedschad ist die Antwort des Systems auf diese Lage.

Wenn sich Geschichte wirklich in Zyklen bewegt, wenn alles irgendwann wieder an seinen Anfang zurückkehrt, dann erleben wir im Iran den Abschluss eines Zyklus. Machmud Achmadinedschad ist ein Pasdaran, ein Mitglied der bewaffneten Hüter der Revolution und ihrer Ideale. Er ist ein Gardist. Er spricht wie einer, er handelt wie einer, er denkt wie einer. Mit ihm als Präsidenten kehrt der Iran nach mehr als fünfundzwanzig Jahren wieder in die blutige, grausame Revolutionszeit zurück. Der Gardist als Präsident ist das letzte Aufgebot der Islamischen Republik. Denn was soll nach den Pasdaran noch kommen?

Wenn es Achmadinedschad nicht gelingt, die Versprechen der Revolution einigermaßen zu erfüllen, dann ist die Islamische Republik Iran endgültig tot – und irgendwann wird sie zusammenstürzen wie ein morscher Baum. Das kann freilich lange dauern, und es gibt viele Mittel, um ihr Leben zu verlängern. Dazu gehört auch, eine Dauerkrise zu provozieren. Eine Krise rund um die Bombe.

5 Die Sorgen des »Großen Satans«

Was Washington umtreibt

Die iranische Fotografin Banafscheh S. verließ Teheran am 13. April 2003 und erreichte Bagdad drei Tage später. Sie hatte die Route über den Norden gewählt, über Kurdistan. Es war eine gefährliche und anstrengende Reise gewesen. Aber weder Gefahr noch Beschwernisse hielten Banafscheh von ihrem Entschluss ab. Denn etwas Historisches hatte sich ereignet. Die Amerikaner hatten Saddam Hussein gestürzt. Das durfte sie sich nicht entgehen lassen. Sie wollte mittendrin sein, sehen, was noch zu sehen war, Fotos schießen und nach Hause berichten. Saddam gestürzt! Von der US-Armee!

Auf dem Weg nach Bagdad hatte Banafscheh viel Zerstörung gesehen, ausgebrannte Panzer am Wegesrand, Kanonen, Lastwagen und Uniformen, die irakische Soldaten auf ihrer überstürzten Flucht ausgezogen und weggeworfen hatten. Manchmal kam es ihr vor, als fahre sie durch eine Mondlandschaft. Neben dieser Trostlosigkeit erlebte sie gleichzeitig den unbändigen Jubel vieler Iraker, vor allem der Kurden, die unter dem Diktator Saddam Hussein jahrzehntelang gelitten hatten. Tod und Freude waren während der drei Tage Banafschehs Reisebegleiter gewesen.

Sie arbeitete für iranische Reformzeitungen. Mit ihren sechsundzwanzig Jahren gehörte sie zu der Generation, die den Reformer Mohammed Chatami 1997 und 2001 zum Präsidenten gewählt hatte. Die Hoffnungen der Wähler waren groß gewesen. Chatami sollte nach dem Wunsch seiner Wähler alles gleichzeitig und möglichst schnell erreichen. Demokratie, Wohlstand, Integration in die Weltgemeinschaft. Es war für ihn eine fast unlösbare Aufgabe. Tatsächlich scheiterte er an den hohen Erwartungen.

Innerhalb weniger Jahre machte sich deshalb unter vielen Jugendlichen Verbitterung breit. Chatami hatte in ihren Augen auf der ganzen Linie versagt. Auch Banafscheh fand kein gutes Wort über »ihren« Präsidenten. Sie schimpfte regelrecht über ihn. In manchen Momenten wünschte sie ihm die US-Armee an den Hals. Nur so, dachte sie, könnte man ihn und die Mullahs endlich loswerden.

Banafscheh war mit diesem Gedanken im Iran nicht allein. Als die US-Armee im Winter 2002/03 in Kuwait Stellung bezog, um in den Irak Saddam Husseins einzumarschieren, hörte man im Iran hinter vorgehaltener Hand immer wieder folgenden Satz: »Die sollen doch auch gleich zu uns kommen! Damit wir sie endlich los sind!« So groß war der Hass auf das eigene Regime, so ausweglos die Lage.

Und nun stand Banafscheh auf dem Ferdaus-Platz mitten im Zentrum Bagdads und sah die Amerikaner in all ihrer stählernen Macht. Panzerungetüme versperrten die Zugänge zum Hotelkomplex des Sheraton, bis an die Zähne bewaffnete Soldaten patrouillierten, mit schweren Maschinengewehren bestückte Humvee-Wagen donnerten im Minutentakt über den Platz. Banafscheh war beeindruckt. Es machte sich eine Ahnung in ihr breit, was es bedeutete, amerikanische Soldaten in das eigene Land »einzuladen«. Ihr Wunsch, die US-Armee möge doch bitteschön das ungeliebte Regime in

Teheran davonfegen, hatte sich schon auf der Reise nach Bagdad etwas abgeschwächt. Natürlich, der Irak war befreit worden. Aber konnte es nur auf diese Weise geschehen?

Auf dem Ferdaus-Platz nun sagte sie: »Nein, das will ich auf keinen Fall!« »Das« ist ein Krieg der USA gegen den Iran. »Das« ist eine Befreiung von einem ungeliebten Regime durch das Schwert der Supermacht.

Kann gut sein, dass es bald völlig unerheblich ist, was Iraner wie Banafscheh wollen oder nicht. Es ist nämlich nicht ausgeschlossen, dass die Vereinigten Staaten die Entscheidung treffen, einen Krieg gegen den Iran zu führen. Amerikas Präsident George W. Bush betonte mehrmals, dass er sich alle Optionen gegen das Regime in Teheran offen halte.

Im Januar 2002 hatte George W. Bush den Iran zusammen mit Nordkorea und dem Irak zur »Achse des Bösen« erklärt. Diese Wortwahl trug ihm sehr viel Kritik ein. Viele seiner Kritiker glaubten freilich, »die Achse des Bösen« sei nur eine weitere Obsession eines kriegslüsternen Präsidenten. Das ist keineswegs so. Die Angst vor einer iranischen Bombe verbindet alle Amerikaner, ganz gleich, ob sie zu den Demokraten oder Republikanern gehören. Lange vor den Anschlägen des 11. September ging bereits diese Furcht um. Im Jahr 2000 veröffentlichte der einflussreiche, überparteiliche Council of Foreign Relations einen Bericht mit dem Titel »Amerikas nationale Interessen«. Diesen Report hatten zahlreiche namhafte Experten aus verschiedenen Lagern verfasst. Sie versuchten, die Interessen Amerikas nach dem Ende des Kalten Krieges zu definieren. Sie wollten damit den Politikern in Washington eine Grundlage für ihre Entscheidungen liefern. Unter der Rubrik »Mittlerer Osten« heißt es: »Die größte Sorge für die USA in dieser Region ist die Verbreitung von Massenvernichtungswaffen. Der Iran ist in dieser Region die ernsthafteste und komplexeste Herausforderung … Ein nuklear bewaffneter Iran würde die Machtbalance in der Region fundamental verändern und für die USA eine große strategische Herausforderung darstellen.« Die Mitglieder des Council of Foreign Relations schreiben im Folgenden, es sei ein »vitales Interesse der USA zu verhindern, dass der Iran Massenvernichtungswaffen erhält«.

Amerika empfindet die Islamische Republik Iran als existenzielle Bedrohung. Die Anschläge auf das World Trade Center haben dieses Gefühl noch verstärkt, auch wenn der Iran in diesen Massenmord nicht verwickelt war.

Die Nuklearfrage ist die gefährlichste Krise in einer langen Kette von Krisen. Die Beziehung zwischen den USA und dem Iran trägt die Züge einer heftigen, alles verzehrenden Leidenschaft. Zuneigung, Misstrauen, Enttäuschung und schließlich Hass. Alles das findet man in der jungen gemeinsamen Geschichte der beiden Nationen. Die Nuklearfrage ist der Kulminationspunkt.

Die beiden Staaten trafen in einem besonderen historischen Moment aufeinander, nach dem Ende des Zweiten Weltkriegs. Deutschland lag in Trümmern. Europa war verwüstet. Der Kanonendonner war noch nicht verhallt, da teilte die Welt sich im Zeichen des Kalten Krieges in Blöcke auf, in West und Ost. Das galt auch für den Nahen und Mittleren Osten.

Großbritannien war bis dahin in der Golfregion die bestimmende Macht gewesen. Aber es war eine Macht auf Zeit. Das vom Krieg ausgeblutete Königreich hatte weder die finanziellen noch die politischen und militärischen Ressourcen, um sein Empire zusammenzuhalten. Das Kolonialreich der Briten zerfiel. Der Entkolonialisierungsprozess hatte bereits vor dem Zweiten Weltkrieg begonnen. Aber nach dem Zweiten Weltkrieg kam er erst richtig in Gang. Die Unabhängigkeit Indiens 1947 war das leuchtende Beispiel dafür, dass die Geschichte des europäischen Kolonialismus zu Ende ging. Parallel zum Niedergang der europäischen Staaten wuchs der Einfluss der USA. Sie füllten die machtpolitische Leere, die die Europäer hinterlassen hatten.

Der Iran hatte für die Supermacht USA eine herausragende geostrategische Bedeutung. Er verband Kleinasien mit Indien. Er grenzte an die Sowjetunion und lag wie eine riesige Landbrücke zwischen den reichen Ölfeldern am Persischen Golf und jenen des Kaukasus. 1941 marschierten Truppen der Alliierten in den Iran ein und besetzten das Land. Sie misstrauten Schah Resa, denn der hatte durchaus Sympathien für die Nazis bekundet. Das verstärkte unter den Alliierten die Sorge, er könnte sein Land der deutschen Wehrmacht als Ausgangsbasis zur Verfügung stellen. Die Wehrmacht konnte vom Iran aus die Ölfelder des Kaukasus erreichen und damit die Lebensader der sowjetischen Militärmaschine durchtrennen.

Nach dem Ende des Weltkriegs zogen sich die ausländischen Truppen zurück. Die Rote Armee verließ 1946 als letzte das Land. Unabhängig war der Iran damit nicht. Die Briten übten weiterhin den entscheidenden Einfluss aus. Lange Zeit stand Schah Mohammed Pahlevi als williger Helfer zu ihrer Verfügung. Er war 1941 von den Alliierten auf den Thron seines Vaters Resa gesetzt worden. Großbritannien brauchte keine Soldaten in Teheran zu stationieren, wenn ihm dort der Herrscher als Vasall diente.

Die Briten waren in erster Linie an der Ausbeutung iranischer Ölfelder interessiert. Der Energiehunger der Welt wuchs und wuchs. Das steigerte den Appetit. Die Anglo-Iranian Oil Company (AIOC) machte prächtigen Gewinn. Sie hatte die iranische Ölindustrie entwickelt und viele Bohrstationen und Raffinerien im Südwesten des Iran errichtet. Die Gegend um die Stadt Abadan war eine Art Staat im Staate, gebaut und verwaltet von den Briten, und stand nur nominell unter der Kontrolle der iranischen Regierung. Die AIOC war ein rücksichtsloser Kolonialherr. Die Arbeiter mussten für einen Hungerlohn schuften, während die gewaltigen Profite dieser Industrie über die iranische Grenze verschwanden. Im Iran regte sich Widerstand gegen die Company. Das bedeutete Widerstand gegen Großbritannien, denn die AIOC war zu fünfzig Prozent im Besitz der britischen Regierung.

Ein Mann namens Mohammed Mossadegh verkörperte diesen Widerstand. Der charismatische Führer der oppositionellen Nationalen Front war die zentrale Figur im Kampf gegen England. Der Schah versuchte, ihn von der Macht fern zu halten, aber es gelang ihm nicht. 1951 wurde Mossadegh zum Ministerpräsidenten gewählt, getragen von einer breiten Mehrheit, die konservative Mullahs wie auch Linkspolitiker umfasste. Kaum war er im Amt, löste er sein Versprechen an den iranischen Wähler ein. Er nationalisierte die Ölindustrie. Damit hatte Mossadegh eine rote Linie überschritten.

Dies war der Moment, als die USA zum ersten Mal direkt auf die politische Bühne des Iran traten. Sie inszenierten den Putsch gegen den gewählten Ministerpräsidenten Mossadegh. Bemerkenswert daran ist, dass die USA den Sturz Mossadeghs zu Beginn abgelehnt hatten. US-Präsident Harry Truman hatte ihn sogar vor den Umsturzplänen der Briten geschützt, die alle Hebel in Bewegung gesetzt hatten, um »ihr« Öl zurückzubekommen. Zunächst klagten sie vor Gericht gegen die Nationalisierung der Ölindustrie. Sie verloren den Prozess. Danach schickten sie Truppen in den Golf und drohten mit militärischen Operationen. Zur gleichen Zeit intrigierten sie im Iran selbst, um die Regierung Mossadegh zu destabilisieren. London hielt die USA über seine Pläne auf dem Laufenden. Ein derart großes Unternehmen konnten sie nicht ohne den Segen der befreundeten Supermacht einfädeln. Aus Washington aber kam heftiger Protest. Der britische Premier Clement Attlee blies die Invasionspläne ab. »Angesichts des Verhaltens der USA«, teilte er seinem Kabinett mit, »ist es keine gute Idee, jetzt Gewalt anzuwenden.« Ohne die Intervention Harry Trumans wären die Briten im Iran eingefallen.

Warum aber schützte Truman Mossadegh?

Und warum stifteten die USA dann doch einen Putsch gegen ihn an?

Truman verfolgte zwei strategische Ziele: Er wollte Mossadegh um jeden Preis im Lager des Westens halten und Stabilität auf dem Ölmarkt garantieren. Die Pläne der Briten standen beidem entgegen. Wenn Mossadegh mit Gewalt aus dem Amt getrieben würde, so die Überlegung, könnte der Iran außer Kontrolle geraten mit entsprechenden Folgen für die Ölmärkte. Im schlimmsten Fall schlüge sich das Land auf die Seite der Sowjetunion. Truman glaubte, dass ein unabhängiger, souveräner Iran seinen Zielen am ehesten dienen würde. Dieser Iran wäre ein guter, verlässlicher Freund Amerikas gewesen.

Freilich dachten nicht alle in Washington wie Truman. Vor allem nicht die CIA. Spitzenleute des Geheimdienstes vertraten die Auffassung, Mossadegh sei fest entschlossen, den Iran dem sowjetischen Machtbereich anzufügen. In den Augen der Geheimdienste war er ein verkappter Kommunist. Seit den vierziger Jahren hatte sich die CIA im Iran gut etabliert. Ein dichtes Mitarbeiternetz war gespannt. Es gab genügend Gründe für die verstärkte Beobachtung. Iran war Frontstaat im Kalten Krieg. Er teilte eine sehr lange Grenze mit der feindlichen Sowjetunion. Die iranische kommunistische Partei, Tudeh, hatte großen Einfluss und gute Beziehungen zu Moskau. Als Mossadegh ins Amt gewählt wurde, wuchs die Unruhe in der CIA. Die Tudeh unterstützte die Nationale Front, auch wenn sie Mossadegh wenig später als britischen Agenten denunzierte. Und Mossadegh selbst war ein charismatischer, populärer Politiker, der sich auf keinen Handel mit der CIA einließ.

Kurze Zeit nach seiner Wahl ging in Washington eine neue Administration ans Werk. Dwight D. Eisenhower wurde im November 1952 zum Präsidenten gewählt. Seine Regierung vertrat eine harte Linie gegenüber dem Iran. Eisenhower wollte Mossadegh, den er für unberechenbar hielt, stoppen. Er fürchtete, der Iran würde sonst »verloren gehen«. Damit war er auf der Linie der CIA. Aus der Perspektive des Kalten Krieges wäre der Verlust des Iran unverzeihlich gewesen. In dem globalen Kampf gegen die Sowjetunion wären die USA ins Hintertreffen geraten.

Noch im November trafen sich hohe amerikanische und britische Regierungsvertreter und arbeiteten einen Umsturzplan aus, den sie Ajax nannten. Er sah vor, Mossadegh durch eine gezielte Medien- und Gerüchtekampagne im Inneren zu schwächen. Gleichzeitig überredete die CIA Schah Resa dazu, seinem gewählten Ministerpräsidenten die Entlassungsurkunde auszustellen. Am 11. Juli 1953 stimmte Präsident Eisenhower diesem Plan zu. Am 19. August kam es zum letzten Akt des Dramas. Vor dem Haus Mossadeghs kämpften seine Getreuen neun Stunden lang gegen Soldaten der Armee. Dreihundert Menschen starben. Mossadegh selbst entkam zunächst auf einer dramatischen Flucht über das Dach. Einen Tag später ergab er sich General Faslollah Sahedi, der vom Schah zum neuen Chef der Regierung ernannt worden war. Die USA hatten die Briten als Königsmacher am Golf abgelöst.

Mossadeghs Sturz markiert den Wendepunkt in den Beziehungen zwischen dem Iran und den Vereinigten Staaten. Amerika war bis dahin im Iran nicht unpopulär gewesen. Nach dem Zweiten Weltkrieg hatten viele Iraner Erwartungen an die neue Supermacht geknüpft. Sie sollte gerechter sein als die alte Supermacht Großbritannien. Es kam aber ganz anders. Der Plan »Ajax« legte 1953 Samen für eine Frucht, die 1979 reifen sollte und bis heute das Verhältnis zwischen den beiden Nationen vergiftet.

Als am 4. November 1979 iranische Extremisten die US-Botschaft in Teheran stürmten, war das eine späte, den Amerikanern geltende Rache des Iran. Die Geiselnehmer hielten den Großteil der 66 amerikanischen Bürger bis zum Januar 1981 fest. 444 Tage lang dauerte die Besetzung. Die iranische Regierung erhob für die Freilassung der Geiseln eine Reihe von Forderungen. Unter anderem sollten sich die USA für ihr Verhalten im Iran entschuldigen und versprechen, sich in Zukunft nicht mehr einzumischen.

Wie der Putsch gegen Mossadegh das Amerika-Bild der Iraner prägte, so formte die quälend lange Botschaftsbesetzung das Bild des Iran in den Köpfen der Amerikaner. Bis heute ist dieses Ereignis unvergessen. Die US-Medien berichteten damals Tag für Tag darüber. ABC ließ ein Programm unter dem Titel »America Hostage« laufen. Die iranischen Entführer benutzten die Sendung als mediale Bühne. Ihr Ziel war es, die USA als Papiertiger vorzuführen, sie öffentlich zu demütigen und lächerlich zu machen. Meisterhaft bedienten sie sich dabei der US-Medien. Sie ließen Geiseln gezielt Interviews geben. Wenige Tage nach Erstürmung der Botschaft strahlten die drei großen US-Networks Interviews mit Vätern, Müttern, Ehemännern und Ehefrauen dieser Geiseln aus. Die Bilder hilfloser Amerikaner flimmerten in die Wohnzimmer des Landes. Die USA waren der Willkür einer Hand voll Radikaler ausgesetzt! US-Präsident Jimmy Carter gab im April 1980 der neu geschaffenen Spezialeinheit Delta Force den Befehl, die Geiseln gewaltsam zu befreien. Die Aktion »Eagle Claw« begann in der Nacht vom 24. zum 25. April. Sie endete in einem Desaster. Acht US-Soldaten kamen ums Leben. Das Fernsehen zeigte die Bilder der verkohlten Leichen. Revolutionsrichter Ajatollah Sadiq Khalkhali schritt im Triumph über sie hinweg. Es war einer der schlimmsten Augenblicke in der Geschichte der USA.

Die iranische Revolution brach wie ein Schock über die amerikanische Öffentlichkeit herein. Bis zur Geiselnahme hatten die Medien den durchschnittlichen US-Bürger mit sehr wenigen Informationen versorgt. Wenn es Nachrichten gab, dann nur zu zweierlei Themen: die Waffenexporte und das Ölgeschäft. Den Amerikanern erschien der Schah wie ein steinreicher orientalischer Potentat, der amerikanische Waffensysteme liebte. Er war eine Märchenfigur, exotisch, verrückt und harmlos. Die Fernsehzuschauer erfuhren so gut wie gar nichts über die dunkle Seite des Schahregimes. Es blieb ihnen verborgen, wie grausam die Savak, die Geheimpolizei des Schahs, jegliche Opposition unterdrückte, wie sich hinter dem Glanz und der Pracht seines Hofes die Armut breit machte, wie der Hass auf den Schah wuchs und wie einig sich die Iraner darin waren, ihren Unterdrücker als willfähriges Instrument der USA zu betrachten. Es blieb den Fernsehkonsumenten vorenthalten, dass viele Folterer der Savak von der CIA ausgebildet worden waren.

Am 3. Juli 1980 widmete ABC seine gesamte Nachrichtensendung »Nightline« dem Geiseldrama. Moderator Ted Koppel hatte Ben Brown eingeladen, einen Fernsehkritiker der Tageszeitung *Detroit News.*

Koppel fragte Brown: »Wie kann man die Arbeit der amerikanischen Journalisten, besonders der Fernsehjournalisten, verbessern?«

Brown: »Ich glaube, dass es wichtig ist, aus der unmittelbaren Gegenwart herauszutreten. Wir müssen aufhören, so zu tun, als gäbe es den Iran erst seit gestern. Der Iran und wir, das ist eine lange Geschichte. Wir sind dort als Land schon seit geraumer Zeit verwickelt. Es gibt da eine Reihe von Geschichten, eine diplomatische Geschichte, eine militärische Geschichte, eine Geschichte der CIA-Interventionen. All das gibt es. All das ist für Journalisten zugänglich. Das sind keine geheimen Informationen. Wir müssen aufhören, so zu tun, als käme der Iran aus dem Nichts. Wir müssten in der Lage sein, Geschichte mehr zu nutzen, als Reporter müssten wir dazu in der Lage sein, über das Melodrama des Augenblicks hinauszugehen.«

Diese Antwort war eine Lektion und ein Appell zugleich. Die Entschlossenheit der iranischen Geiselnehmer, die von Ajatollah Chomeini gegen den »Großen Satan USA« aufgehetzten Massen – sie waren das Produkt einer konkreten Geschichte. Es gab kein »Nichts«, aus dem der Hass plötzlich hervorbrach. Und doch erschien es den meisten Amerikanern genau so zu sein. Urplötzlich spielte irgendjemand auf der Welt verrückt und ging auf Amerika los. Warum hassen sie uns? – diese Frage, die nach den Attentaten des 11. September 2001 breit diskutiert wurde, stellten sich viele Amerikaner gewiss auch in den Tagen des Geiseldramas von Teheran.

Es musste vielen US-Bürgern daher so scheinen, als seien sie zufällig und ohne jedes eigene Zutun Opfer eines Verbrechens geworden. Dieses Gefühl war umso stärker, als es mit dem Selbstverständnis der USA als »Supermacht durch Schicksalsfügung« korrespondierte. »Manche Nationen erreichen Größe [greatness]. Den Vereinigten Staaten von Amerika ist ihre Größe aufgezwungen worden!«, schrieb der Historiker Ernest May während des Kalten Krieges. Dies ist ein Kernsatz des Mythos der USA, denen nichts anderes übrig bleibt, als Supermacht zu sein – so auch im Verhältnis zum Iran. Kermit Roosevelt, der Mann, der nach Teheran fuhr, um den Plan »Ajax« auszuführen, schrieb fünfundzwanzig Jahre später ein Buch mit dem programmatischen Titel »Counter Coup« (Gegenputsch). Der Autor impliziert, dass die USA einem kommunistischen Putsch zuvorgekommen seien, eine Auffassung, die sich empirisch nicht belegen lässt. Bis heute hat sich die These gehalten, dass nicht eine präzise politische Entscheidung in Washington, sondern eine Verkettung verschiedener Umstände zu dem Putsch geführt habe. Mit anderen Worten: Die USA seien in die inneriranischen Angelegenheiten hineingetrieben worden. Der Kalte Krieg habe es ihnen auferlegt.

Diese Selbstmystifizierung hat auch zur Folge, dass man dem Gegner schnell »terroristische« Absichten unterstellt, während sie das eigene Tun in hellem Licht erstrahlen lässt. Fred Halliday, ein angesehener Professor für internationale Beziehungen an der London School of Economics, merkte dazu bereits 1981 polemisch an: »Wenn man die Geiselnehmer von Teheran als ›Terroristen‹ bezeichnet, dann müsste man dieselbe Bezeichnung auf eine ganze Reihe amerikanischer Regierungsvertreter anwenden: Deren Politik gegenüber dem Iran in mehr als fünfundzwanzig Jahren ist viel krimineller als alles, was die Iraner den Geiseln je angetan haben könnten.«

Teheran steht seit 1979 in den USA grundsätzlich unter Verdacht, Böses im Schilde zu führen. Das darf nicht verwundern, denn die Islamische Republik Iran hat keine Gelegenheit ausgelassen, die USA zu schmähen, sie zu denunzieren und grausam und blutig zu treffen. Die 241 amerikanischen Marinesoldaten, die 1983 im Libanon von Selbstmordattentätern ermordet wurden, zählen zu den Opfern eines der größeren Verbrechen in einer ganzen Reihe von Angriffen, die von Teheran aus gesteuert wurden.

Angesichts dieser Geschichte des militanten und gewalttätigen Antiamerikanismus kann eine Atombombe in den Händen der Mullahs aus der Sicht der USA nur einem Zweck dienen: die Welt zu terrorisieren. Andere Erklärungen sind in dieser Sicht nicht möglich. Etwa die, dass das Regime in Teheran sich bedroht fühlt. Auch die Islamische Republik Iran hat selbstverständlich Sicherheitsinteressen, aber die tauchen am Horizont der amerikanischen Außenpolitik selten auf. Er ist nämlich durch eine blutige, spannungsreiche gemeinsame Geschichte beschränkt. Beide Länder sind darin gefangen. Weder ist das amerikanische Trauma der Botschaftsbesetzung überwunden noch das iranische Trauma des Putsches gegen Mossadegh.

Diese Traumata allein erklären aber nicht zur Gänze die Schwierigkeiten, die beide Nationen miteinander haben. Es gibt noch andere Gründe. Um sie zu verstehen, ist es nützlich, sich einen Moment lang in die Lage des Generalstabs der US-Armee zu versetzen. Am besten stellt man sich eine Sitzung vor, bei der amerikanische Generalstabschefs über die globale Lage beraten. Sie haben eine Weltkarte vor sich ausgebreitet. Ein erster Blick lässt sie mit Sicherheit aufatmen. Die Karte zeigt 725 Militärstützpunkte außerhalb der USA. 133 von insgesamt 193 Staaten der Erde kooperieren mit der US-Armee mehr oder weniger eng. Aus dem Blickwinkel des Generalstabs ist die Welt ein Heerlager, über dem die amerikanische Flagge weht. Nach dem 11. September 2001 hatte die US-Armee auf ihrer Liste schon bald weitere Staaten hinzugefügt. George W. Bush führte seine Soldaten nach Afghanistan und in den Irak. Er erhielt Militärbasen in Ländern, deren Boden noch nie ein amerikanischer Soldat betreten hatte, Ländern wie Usbekistan und Turkmenistan.

Der US-Generalstab kann zufrieden sein. Es gibt für ihn nur wenige weiße Flecken auf dem Globus. Einer davon ist der Iran. Er ist das einzige Land in der strategisch zentralen Golfregion, in dem die USA heute keinen direkten Einfluss haben. Dieser Mangel an Kontrolle ist für die US-Generäle beunruhigend. Militärisch ist der Iran nicht in der Lage, die USA herauszufordern, aber er hat genügend Möglichkeiten, ihnen empfindlichen Schaden zuzufügen, ob im Irak, in Afghanistan oder in der Straße von Hormos, durch die der gesamte Schiffsverkehr mit dem Irak, mit Kuwait und den Arabischen Emiraten verläuft. Und wenn sich nun dieses Land die Atombombe zulegen sollte, dann wäre es nicht mehr angreifbar – oder nur um den Preis eines Nuklearkrieges. Wie ein starrköpfiger, dicker, unbeweglicher Mann säße dann der Iran auf der Schlagader der Welt. Vor diesem Hintergrund wird verständlich, warum der Council of Foreign Relations einen nuklear bewaffneten Iran in seinem Bericht aus dem Jahr 2000 als »existenzielle Bedrohung« beschreibt.

Die Revolution brach den Iran aus dem Mosaik, das Washington nach dem Zweiten Weltkrieg im Nahen Osten sorgfältig zusammengesetzt hatte. Sie riss eine Lücke, die nicht zu füllen war.

Wie gewinnen wir den Iran zurück? Das ist eine Frage, die seit 1979 sämtliche Präsidenten der USA beschäftigt hat.

Nach 444 Tagen ließen die Geiselnehmer von Teheran ihre Opfer frei, just am Tag der Vereidigung Ronald Reagans zum Präsidenten der Vereinigten Staaten von Amerika, im Januar 1981. Damit wollten sie noch einmal beweisen, wie sehr sie die Geschicke Amerikas bestimmen konnten. Wir stürzen und wir machen Präsidenten, das war die kaum verschlüsselte, überhebliche Botschaft aus Teheran. Nach dem Ende des Geiseldramas verschwand der Iran nahezu aus der Berichterstattung der großen amerikanischen Fernsehsender. 1981 bezogen sich nur 8,8 Prozent aller internationalen Nachrichten auf den Iran, während es 1980, also im Jahr der Geiselhaft, 32 Prozent gewesen waren. Noch dazu konzentrierten sich zwei Drittel dieser Berichterstattung auf die ersten sechs Monate des Jahres. Die Fernsehsender berichteten in erster Linie über die heimkehrenden Geiseln und ihre Familien, über die gerichtlichen Auseinandersetzungen zwischen Iran und USA, über die Untersuchungen des Kongresses zu der ganzen Affäre. Der Iran und seine innenpolitische Lage spielten kaum noch eine Rolle in den Medien. Er schlummerte im Bewusstsein der überwiegenden Mehrheit der Amerikaner als Geiselnehmerland weiter, als Hort von verrückten Extremisten. Viel mehr wollte man nicht wissen. Die amerikanische Öffentlichkeit hatte genug vom Iran. Sie war erschöpft. Sie wandte sich ab.

Der Regierung Reagan war dieses Verschwinden ganz recht, denn sie hatte noch keine Einigkeit darüber erzielen können, welche Linie sie gegenüber dem Iran einschlagen sollte. Dabei war sie sich sehr wohl bewusst, dass sie dringend eine politische Strategie entwickeln musste, denn in der Region war es Ende 1979 zur zweiten großen, unangenehmen Überraschung für die USA gekommen: Die Rote Armee marschierte im Dezember dieses Jahres in Afghanistan ein. Es stand zu befürchten, dass die Sowjetunion ihren Einfluss bis an den Persischen Golf ausdehnen würde – ein entscheidender Nachteil für die USA im globalen Wettkampf mit Moskaus Kommunisten.

Noch Jimmy Carter begann, die Expansion der Sowjetunion einzudämmen. Sein Sicherheitsberater Zbigniew Brzezinski ließ sich am Khyber-Pass, dem wichtigsten Grenzübergang zwischen Pakistan und Afghanistan, mit einer Kalaschnikow im Anschlag ablichten. Das Signal an Moskau war deutlich: Bis hierher und nicht weiter! Die CIA pumpte Milliarden Dollar nach Pakistan. Das Geld ging zu einem Teil an die afghanischen Mudschahedin, die gegen die sowjetischen Soldaten kämpften. Millionen Dollar aber zweigte der pakistanische Geheimdienst ISI ab. Es ist sehr wahrscheinlich, dass das Geld der CIA in das Atombombenprogramm Pakistans geflossen ist. Beweise dafür gibt es vorerst nicht, aber man weiß, dass Pakistans damaliger Diktator Mohammed Zia ul-Haq das Programm forcierte. Abdul Qadir Khan bekam offensichtlich alle Mittel zur Verfügung gestellt, die er brauchte. Derselbe Q. Khan, der in den neunziger Jahren seine Nukleartechnologie illegal exportierte, auch in den Iran.

So entschieden die USA der Sowjetunion entgegentraten, so unentschlossen verhielten sie sich im Umgang mit dem Iran. Reagan schien das Problem aussitzen zu wollen, aber das war nicht lange möglich. Am 23. Oktober 1983 verübten Selbstmordattentäter mehrere Anschläge auf amerikanische und französische Militäranlagen im Libanon. 241 Marines und 56 französische Soldaten starben. Libanesische Schiiten hatten das Attentat verübt. Die Spur der Anstifter führte nach Teheran. Ronald Reagan konnte den Iran nicht mehr ignorieren. Er musste jetzt handeln. Aber wie? 1984 ließ er den Iran auf die Liste der Staaten setzen, die internationalen Terrorismus unterstützen. Das hatte Sanktionen zur Folge, eine schmerzhafte Maßnahme für die Iraner, aber das Regime berührte das nicht. Im Gegenteil, die Sanktionen lieferten Stoff für antiamerikanische Propaganda.

Was tun mit dem Iran? – das blieb eine unbeantwortete Frage, damals wie heute. Oder besser: eine Frage, auf die es sehr viele Antworten gab, verwirrende Antworten.

Innerhalb der Regierung Reagan etablierten sich unterschiedliche, gegensätzliche Denkschulen. Mitunter lieferten sie sich einen Kampf, der die Regierung lähmte.

Die so genannte sowjetische Denkschule analysierte den Iran vor dem Hintergrund des Kalten Krieges, des Wettkampfes zwischen zwei Systemen und zwei Ideologien. Die »Sowjets« in Washingtons Apparaten wiederum spalteten sich in zwei Gruppen, die zu völlig unterschiedlichen Ergebnissen kamen. Die eine Gruppe glaubte, es sei unmöglich, mit iranischen Mullahs Geschäfte zu machen. Sie seien nicht berechenbar. Dieses Regime könne man nicht auf seine Seite bringen, sondern nur stürzen. Prominenter Wortführer dieser Gruppe war Verteidigungsminister Caspar Weinberger.

Die andere Fraktion der »Sowjets« glaubte, dass man sehr wohl mit dem Iran ins Geschäft kommen könne. Man müsse nur Geduld haben. Der Fundamentalismus werde sich schließlich gegen Moskau richten. War Afghanistan nicht der beste Beweis dafür? Entfaltete sich dort nicht gerade die ganze antikommunistische Kraft des Islam?

Die zweite große Denkschule legte ihrer Analyse nicht die Ideologie zu Grunde. Sie ging mehr von den Interessen der Staaten aus. Dabei glaubte sie, dass die amerikanischen und Israels Interessen im Nahen Osten identisch seien. Deshalb nannte man die Anhänger dieser Gruppierung auch »Israelis«.

Für sie war Feind Nummer 1 der arabische Nationalismus. Er nämlich bedrohe Israels Existenz. Die »Israelis« erinnerten daran, dass der 1979 gestürzte Schah diese Einsicht geteilt habe. Israel hatte sehr gute Beziehungen zum Schah gepflegt. Diese informelle Koalition gelte es wieder herzustellen – Revolution hin oder her. Voraussetzungen dafür, so glaubten diese Analytiker, gab es viele. Die Iraner seien keine Araber. Außerdem seien sie Schiiten, während sich die große Mehrheit der Araber zum sunnitischen Glauben bekenne. Die »Israelis« betrachteten den Iran als Instrument, um dem arabischen Nationalismus aufs Haupt zu schlagen, wo auch immer er sich zeigen mochte.

Alles Wunschdenken? Sie verwiesen auf den Krieg zwischen Iran und Irak, der 1980 ausgebrochen war. War das nicht eine Chance, die alten Kontakte mit dem Iran neu zu knüpfen? Sollte man den Iran nicht unterstützen? Mit Waffenlieferungen zum Beispiel?

Genau über derlei Fragen zerbrach die »israelische« Fraktion innerhalb der Regierung Reagan. Die ersten Risse entstanden, nachdem die israelische Armee 1982 in den Libanon einmarschiert war. Die mit tatkräftiger Hilfe aus dem Iran gegründete Hesbollah bombte gegen Israelis, Amerikaner, Franzosen gleichermaßen. Der gesamte Westen, ganz unterschiedslos, galt ihr als Feind.

Angesichts dieser Entwicklung kamen viele innerhalb der Washingtoner »Israelfraktion« zu dem Schluss, dass der arabische Nationalismus nicht die eigentliche Gefahr darstellte. Etwas Neues, so glaubten sie, setzte sich im Nahen Osten gerade durch, etwas viel Bedrohlicheres: der islamische Fundamentalismus. Die Selbstmordattentate im Libanon ließen Chomeinis gegen Israel und gegen den Westen gerichtete Schmähungen plötzlich noch düsterer erscheinen, als sie ohnehin schon waren.

Zusätzlich war es den Iranern 1982 gerade gelungen, auf den Schlachtfeldern das Kriegsglück zu wenden. Iranische Truppen überschritten zum ersten Mal die Grenze zum Irak. Revolutionsführer Chomeini war ernst zu nehmen, wenn er von der »Vernichtung Israels« sprach und verkündete, seine Revolution exportieren zu wollen. Der islamische Fundamentalismus war in den Augen dieser Analytiker kein vorübergehendes Phänomen. Hätten sie in die Zukunft blicken können, sie wären nicht überrascht gewesen, im Jahr 2005 auf einen iranischen Präsidenten wie Machmud Achmadinedschad zu treffen.

Dieser Teil der »Israelfraktion« glaubte genauso wie die »Sowjets« um Verteidigungsminister Caspar Weinberger, dass mit dem Iran keine Kooperation möglich sei. In ihren Augen bestand die einzige Option darin, das Regime in Teheran zu stürzen.

Anfang der achtziger Jahre hatten sich also bereits im Kern alle Grundpositionen herausgebildet, welche die amerikanische Iranpolitik bestimmen sollten – bis heute. Kooperation oder Konfrontation, Regimewechsel oder geduldiges Warten auf die Reform von innen. Ein Dazwischen gab und gibt es nicht für die USA. Oder doch?

Am 5. Oktober 1986 holten Soldaten der nicaraguanischen Luftabwehr ein Kleinflugzeug vom Himmel. Der Pilot, ein US-Bürger namens Eugene Hasenfus, überlebte. Als ihn die Behörden verhörten, gestand er, dass er die Contras, die antisandinistische Guerilla, mit Waffen beliefert hatte. Die USA unterstützten zwar die Contras in ihrem Kampf gegen die Sandinisten, aber was Hasenfus erzählte, ging weit über eine politisch-moralische Unterstützung hinaus. Das Geld zum Kauf der Waffen stammte nämlich aus einem Geschäft, das – als es nach und nach öffentlich wurde – den Amerikanern die Sprache verschlug. Im Nationalen Sicherheitsrat der Regierung Bush hatte sich ein Team unter Führung von Oberst Oliver North etabliert. North hatte mit Hilfe der Israelis seit 1984 Raketen und Raketenteile nach Teheran verschoben. Im Austausch dagegen sollte die iranische Regierung dabei helfen, US-Geiseln freizubekommen, die von der schiitischen Hesbollah im Libanon gefangen gehalten wurden. Die Profite, die dabei abfielen, wurden zu den Contras nach Nicaragua umgeleitet. Die Empörung in den USA war immens. Iran stand schließlich auf der Liste der Staaten, die den Terrorismus unterstützen. Und Mitglieder der amerikanischen Regierung lieferten ihm Waffen! Außerdem war es immer die Politik der USA gewesen, mit Geiselnehmern nicht zu verhandeln. Nun mussten die US-Bürger in den Zeitungen lesen, wie gefeilscht wurde. 1500 TOW-Raketen waren etwa innerhalb eines Jahres geliefert worden, und drei Geiseln waren dafür freigekommen. Die Iran-Contra-Affäre kostete Ronald Reagan nahezu das Amt. Er kam davon. Bestraft – und später begnadigt – wurde Oliver North.

Der Iran-Contra-Skandal öffnete den Blick auf die innere Regierungsmaschinerie. Aus heutiger Sicht ist das interessant, weil vieles, was damals zu sehen war, weiter fortbesteht. Wie damals gibt es auch innerhalb der jetzigen Regierung George W. Bushs einen heftigen Streit darüber, wie man mit dem Iran zu verfahren habe. Wie damals gibt es auch heute keine klare Antwort. Aus heutiger Sicht gibt es auch viele Gemeinsamkeiten zwischen dem Iran-Contra-Skandal und der Entscheidung, 2003 gegen den Irak in den Krieg zu ziehen. Der Gegenstand war diesmal ein ganz anderer, aber die Praxis der Regierung war ähnlich konspirativ. Eine kleine Gruppe mächtiger Männer agierte aus dem Hintergrund. Sie täuschte die Öffentlichkeit bewusst über die Massenvernichtungswaffen im Irak, um sie von der Notwendigkeit einer Invasion zu überzeugen.

Präsident Reagan jedenfalls konnte das Problem Iran nicht lösen. 1988 verlegte er Teile der 5. U.S. Navy in den Persischen Golf. Der Krieg zwischen Iran und Irak hatte seine Endphase erreicht. Tanker, Handelsschiffe, Ölplattformen, Förderanlagen brannten. Die Straße von Hormos war bedroht und damit die Versorgung der Industriestaaten mit Öl. Deshalb dampfte die Navy Richtung Golf, deshalb lieferte sie sich währenddessen immer wieder Gefechte mit iranischen Kanonenbooten.

Am 3. Juli 1988 kam es zu einem blutigen Zwischenfall. Der Kreuzer USS Vincennes schoss einen Airbus A 300 der Iran Air vom Himmel. Das Schiff hielt sich in iranischen Hoheitsgewässern auf und war in ein Scharmützel mit iranischen Kanonenbooten verwickelt. Es verwechselte das Linienflugzeug Iran Air 655 mit einem Kampfflugzeug vom Typ F-14 Tomcat. Kapitän William Rogers ließ zwei Boden-Luft-Raketen abfeuern. Sie zerfetzten die Linienmaschine. 278 Passagiere und zwölf Besatzungsmitglieder fanden den Tod.

Dieses traurige Ereignis hatte etwas Typisches. Wann immer die USA und der Iran aufeinander trafen, musste man mit Toten rechnen, im Libanon und im Persischen Golf. Und keiner der beiden war bereit nachzugeben, nicht einmal symbolisch.

Im Iran wurde der Abschuss der A 300 zu einem hinterhältigen Akt des Großen Satans Amerika hochstilisiert. Die 290 Toten fanden einen besonderen Platz im Märtyrerhimmel des Iran. Die USA ihrerseits ließen eine Untersuchung des Falls durchführen, die ergab, dass niemand Schuld hatte. Im Gegenteil, der Besatzung der USS Vincennes wurden sogar Ehrungen zuteil. George H. W. Bush zeichnete Captain Rogers 1990 mit dem Legion-of-Merit-Orden »für außerordentliche Pflichterfüllung im Einsatz« aus. Die anderen Offiziere wurden alle ein letztes Mal befördert. Diese Auszeichnungen wiederum lösten im Iran Empörung aus – und so drehte sich die Spirale weiter. Nichts als Hass verband die beiden Kontrahenten.

Erst mehr als zwanzig Jahre nach der Geiselnahme in der Teheraner US-Botschaft kam ein starkes, eindeutiges Signal aus Washington. Am 17. März 2000 sagte die amerikanische Außenministerin Madeleine Albright bei einer Rede in Washington Folgendes: »1953 haben die USA eine besondere Rolle beim Sturz des populären Premierministers Mohammed Mossadegh gespielt. Die Regierung Eisenhower dachte damals, dass ihre Maßnahmen aus strategischen Gründen gerechtfertigt seien; aber der Putsch war eindeutig ein Rückschlag für die politische Bewegung des Iran. Und jetzt ist es leicht einzusehen, warum viele Iraner weiterhin jede Einmischung der USA in ihre inneren Angelegenheiten ablehnen. Während der folgenden fünfundzwanzig Jahre haben die USA und der Westen das Regime des Schah unterstützt. Auch wenn sein Regime viel getan hat, um sein Land ökonomisch zu entwickeln, unterdrückte der Schah brutal die Opposition. Wie Präsident Clinton schon gesagt hat, müssen die USA ihren Anteil an Verantwortung für die Probleme übernehmen, die zwischen den USA und dem Iran entstanden sind …«

Das war eine Sensation. Albrights Rede war nicht unbedingt ein Schuldeingeständnis, aber doch die Anerkennung der USA, Mitverantwortung zu tragen an dem schweren Schicksal des Iran. Kein amerikanisches Regierungsmitglied war dem iranischen Regime je so weit entgegengekommen. Die Mullahs hatten von den USA ja immer gefordert, dass sie sich »zu ihren Missetaten bekennen und sich entschuldigen«.

Wie war es zu dieser bemerkenswerten Rede gekommen? Und was änderte sich am Verhältnis zwischen den beiden verfeindeten Staaten?

Die Regierung von Präsident Bill Clinton hatte für den Mittleren Osten die Parole »Double Containment« ausgegeben. Die programmatische Rede zu dieser Politik hielt am 15. Mai 1993 Martin Indyk, der für den Mittleren Osten zuständige Sicherheitsberater. In dieser Rede verabschiedete sich die Regierung Clinton von der Taktik, den Irak und den Iran je nach Bedarf gegeneinander auszuspielen, wie das zwischen 1980 und 1988 der Fall gewesen war. »Die Regime im Irak und im Iran sind gegenüber den USA feindlich gesinnt«, sagte Indyk. »Wir dürfen uns daher auf keinen Fall auf einen der beiden stützen, um gegen den jeweils anderen ein Gegengewicht zu bilden.« Gleichzeitig billigte Indyk dem Regime in Teheran Legitimität zu, ohne jedoch all seine Taten zu rechtfertigen. »Ich will unterstreichen«, sagte Indyk weiter, »dass die Clinton-Regierung nicht gegen eine islamische Regierung im Iran ist … Wir sind aber strikt gegen spezifische Aspekte im Verhalten der iranischen Regierung …«

Gemeint waren damit die alten Streitpunkte in der Auseinandersetzung mit dem Iran: die Unterstützung der libanesischen Hesbollah, Attentate auf US-Bürger, die unterstellte Entwicklung von Massenvernichtungswaffen, Verletzungen der Menschenrechte durch das Regime. Dennoch, die Regierung Clinton betrachtete den Iran auch als einen Staat mit legitimen Sicherheitsinteressen. In einer weiteren Grundsatzrede sagte Indyk am 14. Oktober 1999: »Natürlich muss unsere Sorge hinsichtlich der iranischen Massenvernichtungsmittel und des Raketenprogramms in einem regionalen Kontext gesehen werden. Staaten dieser Region, Iran eingeschlossen, müssen sich sicher fühlen können …«

Indyk lehnte eine nukleare Bewaffnung des Iran entschieden ab, gestand ihm aber in etwas verschlüsselter Weise zu, dass er ein Recht darauf habe, in einer sicheren Umgebung zu leben. Die Politik Clintons war ein schwieriger Balanceakt. Denn er versuchte beides – den Mullahs zu geben, was sie verlangten, und von ihnen zu kriegen, was Washington von ihnen forderte. Ein Nullsummenspiel war das nicht. Clinton war dem Regime in Teheran weit entgegengegangen. Die Antwort musste aus Teheran kommen.

Der Boden dort schien für eine Annäherung aufbereitet zu sein. 1997 wählten die Iraner mit mehr als zwei Dritteln Mehrheit den Reformer Mohammed Chatami überraschend ins Amt. Er strebte eine Öffnung des Landes an. Clinton wollte ihm offensichtlich dabei helfen, seine Mannschaft antwortete mit zuerst zarten, dann immer offeneren diplomatischen Offerten, die in der bereits erwähnten Rede Albrights ihren Höhepunkt fanden. Es gab eine Reihe konkreter Schritte, die den guten Willen der USA unter Beweis stellen sollten. Handelssanktionen wurden ein wenig gelockert; der Iran-Lybia Sanction Act (ILSA) aus dem Jahr 1996, der jeder Firma, die im Iran investiert, Strafen androht, wurde de facto nicht umgesetzt, sicher auch deshalb nicht, weil die Europäer dagegen heftig protestierten; der Iran wurde von der amerikanischen Liste der Drogen produzierenden Länder gestrichen; er blieb allerdings auf der Liste der Staaten, die Terrorismus unterstützen.

So bedeutsam dies alles auch erscheinen mag, zu einem eindeutigen, einem großen Schritt zur Versöhnung mochte sich Washington nicht entschließen. Dafür gab es sicher innenpolitische Gründe. Die Falken in den USA geißelten jedes Entgegenkommen gegenüber der Islamischen Republik Iran. Clinton reagierte auf

Druck von rechts sehr empfindlich, besonders nach der Affäre mit der Praktikantin Monica Lewinski 1998, die ihm fast das Amt gekostet hätte. Es gab aber eine noch viel tiefere Ursache dafür, dass Clinton den ganz großen Wurf nicht wagte. Ein echter Kompromiss mit dem Iran lag und liegt schlicht nicht innerhalb des Horizonts der USA. Natürlich, es kam zu verschiedenen Versöhnungsangeboten aus Washington. Daneben gab es aber auch den sehr klaren, immer und immer wieder geäußerten Expansionswillen der Amerikaner. Bereits der Vorgänger Clintons, George Bush, hatte begriffen, dass das Ende des Kalten Krieges eine gewaltige Chance für die USA darstellte. Schon 1991 versuchte er sie zu beschreiben. Kurz nach dem G7-Gipfel dieses Jahres sagte er: »Ich bin entschlossener denn je, alles zu tun, um offene Märkte zu schaffen, Bedingungen für freien und fairen Handel und überall auf der Welt Investitionsmöglichkeiten. Das wird nicht nur den Vereinigten Staaten nützen.« Es ging nach dem Ende der Blockkonfrontation darum, die Chance zu nutzen, die Welt nach eigenem Willen zu formen. Daran, wer das Sagen hatte, ließ Bush keinen Zweifel. Nach dem Ausscheiden aus dem Amt schrieb er: »Es war wichtig, dem Rest der Welt die Hand zu reichen. Aber es war noch viel wichtiger, dass wir dabei die Kontrollfäden fest in unserer hielten.«

Es war also schon in den frühen neunziger Jahren klar, dass die USA nach dem Verschwinden der Sowjetunion von der Erdoberfläche in die Offensive gehen würden. Ein Wort, das keiner in den Mund nehmen wollte, aber genau darum handelte es sich. 1993 entwarf Clintons Sicherheitsberater Anthony Lake das Programm zur Gestaltung der Neuordnung der Welt. Der Titel seiner Rede lautete bezeichnenderweise »Von der Einhegung zur Erweiterung«. Zum Iran und Irak sagt er: »Wir müssen sie isolieren, diplomatisch, militärisch, ökonomisch und technologisch«, so lange, bis sie zusammenbrächen. Das Recht, die Welt nach dem eigenen Bild zu formen, leitete Lake von der Allgemeingültigkeit amerikanischer Werte ab. »Wir müssen Demokratie und Marktwirtschaft weltweit fördern, weil es unseren Interessen und unserer Sicherheit dient und weil es die Werte widerspiegelt, die beides gleichzeitig sind: amerikanisch und universal!« Diese ideologische Grundlage ermöglichte es wohl kaum, dass die USA und die Islamische Republik Iran zusammenfinden konnten. Trotz aller Öffnungen blieb der Kern amerikanischer Außenpolitik unter Clinton nicht nur unverändert, er wurde aggressiver formuliert, als dies jeder andere US-Präsident seit der iranischen Revolution getan hatte. »Wir haben unsere Leute auf den Ozeanen, wir haben sie in fremden Ländern überall auf der Welt, wir haben sie auf jedem Kontinent. Wir sind überall!«, sagte Bill Clinton im Jahr 1999. Solche Sätze machten es auch den Reformern in Teheran schwer, einen Spielraum zu finden.

Acht Jahre Clinton hatten den Iran den USA nicht näher gebracht. Er blieb ein weißer Fleck auf der Landkarte des Imperiums. Im November 2000 wurde der Republikaner George W. Bush zum Präsidenten gewählt. In seinem Team gab es eine ganze Reihe von Männern mit umstürzlerischen Plänen, die so genannten Neokonservativen. Ihre Politik lässt sich in Kürze folgendermaßen zusammenfassen: Die Welt ist ein Ort, der mitunter von Ungeheuern bewohnt wird. Sie respektieren kein Recht, sondern nur Macht. Sie fürchten nicht die Moral, sondern das Schwert. Sie zittern nicht vor der Uno, sondern nur vor den Soldaten der Vereinigten Staaten von Amerika. Wenn also die USA die Welt ordnen wollen, dürfen und müssen sie nur auf die eigene Kraft vertrauen. Andere, Bündnispartner oder internationale Organisationen, sind in der Regel nur ein Hindernis. Die USA müssen sich nur mit anderen abstimmen, wenn dies ihren Interessen entgegenkommt. Sie sind der mächtigste Staat der Erde. Aus dieser Macht erwächst ihnen auch das Recht, alles allein zu entscheiden. Das oberste Ziel besteht darin, die USA auf absehbare Zeit uneinholbar in ihrer Machtposition zu halten. Auch deshalb darf sich kein amerikanischer Präsident internationalen Abkommen oder Institutionen unterwerfen, die seine Macht einschränken könnten. Die USA bestimmen. Sonst niemand. Neokonservativismus ist der Glaube an die Macht des Stärkeren.

An diesen Ideen war im Grundsatz auch schon die Strategie der Regierung Clinton ausgerichtet gewesen. Anthony Lake hatte dazu 1993 in einer Rede gesagt: »Wir werden multilateral handeln, wenn das unseren Interessen dient, und wir werden unilateral handeln, wenn das unseren Absichten nützt. Die einfache Frage lautet in jedem einzelnen Fall: Was funktioniert besser?« Neu war die Aggressivität, mit der diese Strategie vorgetragen wurde, neu war, dass die Regierung Bush mehr und mehr Felder fand, in denen es ihr besser erschien, unilateral zu handeln.

Die politischen Interessen der USA im Nahen und Mittleren Osten bestehen darin, die Sicherheit Israels und den freien Fluss des Erdöls zu garantieren. Jegliche amerikanische Politik leitet sich von diesen beiden Interessen ab, ganz gleich, ob ein Demokrat oder ein Republikaner Präsident ist. Aber die Neokonservativen haben in vielen Teilen eine andere, eine radikalere Problemlösungsstrategie. Sie standen zum Beispiel dem Friedensprozess in Palästina sehr skeptisch gegenüber. Während die Regierung Clinton die aus dem Osloer Abkommen hervorgehenden Verhandlungen zwischen Israel und den Palästinensern nach Kräften förderte, machten die Neokonservativen keinen Hehl daraus, dass sie den gesamten Prozess am liebsten abbrechen würden. Bereits 1996 erschien ein Bericht mit dem Titel »Ein klarer Bruch. Eine neue Strategie zur Sicherung des Reiches [realm]«. Die Autoren argumentierten darin, dass Israel die Kontrolle über den gesamten Nahen Osten herstellen sollte, indem es »Syrien einhegt oder zurückdrängt, Saddam Hussein stürzt und das Prinzip des Erstschlags [pre-emption] wieder einführt«.

Es ist erstaunlich, wie viel von diesem Bericht zehn Jahre nach seinem Erscheinen in die Tat umgesetzt worden ist. Saddam Hussein ist gestürzt, der Syrer Assad steht wegen seiner Einmischungen im Libanon international am Pranger, und das Prinzip des Erstschlags hat sich als Mittel der Außenpolitik durchgesetzt.

Die Autoren dieser Studien waren David Wurmser, Richard Perle und Douglas Feith. Wurmser stand zeitweise sowohl dem heutigen Uno-Botschafter der USA, John Bolton, als auch dem ehemaligen israelischen Premierminister und politischen Rechtsausleger Benjamin Netanjahu beratend zur Seite. Richard Perle war zu Zeiten des Irak-Krieges Berater des Pentagon, Douglas Feith Unterstaatssekretär im selben Ministerium. Das ist nur eines von vielen Beispielen für das dichte Beziehungsnetz der Neokonservativen.

Aus diesem Blickwinkel war auch der Iran ein möglicher Kandidat für eine militärische Operation, wohlgemerkt lange vor den Attentaten am 11. September 2001. Der Feind war schon ausgemacht. Da half es nichts, dass die iranische Bevölkerung als einzige in der gesamten Region große Anteilnahme zeigte, als in New York die Zwillingstürme einstürzten; nichts half es, dass der Iran sich im Afghanistan-Krieg relativ kooperativ gegenüber den USA gezeigt hatte; und es half auch nichts, dass eine Analyse iranischer Interessen in vielen

Bereichen durchaus eine Übereinstimmung mit amerikanischen Interessen ergeben könnte. Der Iran blieb auf der Abschussliste.

Das Teheraner Regime seinerseits tat nichts, um von ihr herunterzukommen. Im Gegenteil, es scheint sogar so zu sein, dass es ihm an derartig exponierter Stelle gefällt. Die vielen Lügen, Halbwahrheiten und Täuschungsversuche, die sich der Iran gegenüber der IAEA leistete, trugen nicht dazu bei, die Skepsis zu mindern. Und der im Sommer 2005 neu gewählte Präsident Machmud Achmadinedschad scheint es geradezu darauf anzulegen, den gesamten Westen zu provozieren. Achmadinedschad ist das perfekte Feindbild für den Westen. Man möchte fast meinen, dass George W. Bush an Männer wie ihn gedacht hatte, als er im Januar 2002 in seiner Rede an die Nation das Wort von der »Achse des Bösen« prägte. Man war nach acht Jahren Clinton in gewisser Weise wieder an den Anfang zurückgekehrt. Der Washingtoner Blickwinkel hatte sich auf eine Schießscharte verengt, und im Iran war ein Mann Präsident geworden, der sich keinen besseren Ort vorstellen konnte, als genau vor dieser Schießscharte zu stehen.

In der Person von Achmadinedschad stellt sich für die USA ein altes Problem in neuer, verschärfter Form: Wie soll man mit dem Iran umgehen?

Das war für alle Präsidenten ein Problem, allerdings unter verschiedenen Vorzeichen. Ronald Reagan (1980–1988) betrachtete den Iran durch die Brille des Kalten Krieges. George Bush (1988–1992) und mehr noch Bill Clinton (1992–2000) fragten sich, wie der Iran in eine neue Weltordnung passen könnte, die es nach dem Zusammenbruch der Sowjetunion zu bilden galt. George W. Bush (seit 2000) sieht den Iran mit den Augen des Kämpfers gegen den Terror. Alle Präsidenten hatten unterschiedliche Betrachtungsweisen, aber keiner hat eine schlüssige, vor allem aber wirksame Antwort auf die Frage gefunden: Was tun mit dem Iran?

Die Regierung Bush strebt nach eigenem Bekunden einen Regimewechsel im Iran an. Der Wunsch, die Mullahs von der Macht zu vertreiben, ist aber nicht auf die neokonservativen Falken beschränkt, die enge Kontakte zu Israels Likud-Partei pflegen. Eine harte Linie gegenüber dem Regime in Teheran findet heute in den USA und Europa viele Anhänger, und zwar aus allen politischen Lagern. Die Front hat sich mehr und mehr geschlossen, seit Präsident Machmud Achmadinedschad seine wüsten Drohungen gegen Israel ausgesprochen hat. Es ist zwar – wie Achmadinedschad selbst sagt – nicht neu, dass die Islamische Republik Israel das Existenzrecht abspricht, aber im Gegensatz zu früher könnte der Iran diese Drohung auch in die Tat umsetzen, wenn er, wie vermutet wird, in einigen Jahren über die Bombe verfügt.

Die Regierung Bush und ihre neokonservativen Berater haben keine Gelegenheit ausgelassen zu betonen, wie verhasst ihnen das Teheraner Regime ist. Im November 2002 kam es im Iran zu Protesten. Es waren die ersten Demonstrationen seit Juli 1999, doch sie standen unter ganz anderen Vorzeichen. Die Straßenproteste von 1999 waren eine ernste Herausforderung für das Regime gewesen. Die von 2002 waren Ausdruck eines sozialen und politischen Unmutes, der das Regime sehr störte, aber ihm nicht wirklich gefährlich werden konnte. Michael Ledeen, Mitarbeiter des berüchtigten neokonservativen American Enterprise Institute (und in den Iran-Contra-Skandal verwickelt), schrieb: »Iran eröffnet den Amerikanern die Möglichkeit, einen wundervollen Sieg zu erringen, weil die Iraner ganz offen ihr Regime verachten. Sie werden es mit Enthusiasmus bekämpfen, wenn die USA ihren gerechten Kampf nur unterstützen!« Männer wie Ledeen müssen wissen, dass ihre Worte genau jenen schaden, die sie vorgeblich unterstützen wollen. Jeder Applaus aus Washington diente den Hardlinern im Iran nur dazu, Reformer und Demonstranten gleichermaßen als Kollaborateure zu denunzieren. Ein mögliches Kalkül von Männern wie Ledeen ist: Wir helfen kräftig mit, die Emotionen im Iran aufzupeitschen. Das Regime schlägt hart zu, was die Opposition weiter aufputscht und auf die Straße bringt. Das Regime schlägt härter zu, und so setzt sich ein Teufelskreis in Gang. Am Ende stürzen die Mullahs. Das wäre die Entfernung von der Macht durch einen Bürgerkrieg.

Es lässt sich nur rätseln, welche Mittel Washington einsetzen wird, um sein Ziel zu erreichen. Die Instrumente reichen von diplomatischem Druck über politische Isolation und folgende Militärschläge bis hin zu Destabilisierungsversuchen im Inneren des Landes. Die Manipulationen der Regierung Bush im Zuge des Irak-Krieges mögen hier als Folie dienen. Der damalige stellvertretende Außenminister der USA, Paul Wolfowitz, sprach nach dem erklärten Ende des Krieges beispielsweise ganz offen über die Manöver der Bush-Regierung. Man habe die Bedrohung durch die Massenvernichtungswaffen, über die Saddam Hussein angeblich verfüge, bewusst übertrieben, weil man die Öffentlichkeit nur auf diese Weise von der Notwendigkeit des Krieges habe überzeugen können.

Von all den angeführten Gründen für den Einmarsch in den Irak hat nur einer als gültig überlebt: Saddam Hussein hat sein Volk grausam unterdrückt. Menschen aber wollen frei sein, und sie haben ein Recht darauf. Letzteres gilt für den Iran wie für jedes andere Land. Die entscheidende Fragen indes lautet: Wie werden Menschen befreit?

Freiheit, die will man sich in Teheran sicher vorstellen, aber eine Freiheit, die ausgerechnet von amerikanischen Bomben und Panzern gebracht wird, wird kaum willkommen sein.

6 Europa verhandelt – und scheitert. Aber nicht ganz

Fast drei Jahre lang haben sie es versucht. Frankreich, Großbritannien und Deutschland drohten und lockten, warben und warnten, um den Iran von der Urananreicherung abzubringen. Und das, obwohl auch in dieser Zeitspanne zwischen 2003 und 2006 nicht ein Signal aus Teheran kam, das darauf hindeutete, dass man gewillt sei, die Anreicherung von Uran im eigenen Land aufzugeben.

Und so blieb der Ausflug der drei europäischen Staaten in die Iranpolitik ohne Erfolg. Mit einer Ausnahme: Man verhandelt miteinander, immerhin, und jenseits dieser vermaledeiten Anreicherungsfrage war eine Zeit lang einiges möglich. Beispielsweise die Erleichterung des Zugangs von IAEA-Inspekteuren zu iranischen Anlagen. Oder gewisse Verzögerungen in Teilen des iranischen Atomprogramms. Damit ist es nun vorbei.

Dabei hatte alles so großartig angefangen. Im Oktober 2003 eilten die Außenminister Fischer, Straw und de Villepin kurz vor einem Treffen der IAEA-»Governors«, auf dem das Thema zu einer Krise hätte eskalieren können, nach Teheran. Sie hatten ein diskretes Angebot im Gepäck: Man könne sich auf Verhandlungen einigen, während derer die Anreicherung auszusetzen wäre – und dem Iran bliebe im Gegenzug die Peinlichkeit erspart, von der IAEA vor dem UN-Sicherheitsrat angeklagt zu werden.

Das verfing. Und die »EU-3«, wie das Verhandlungstrio im Diplomatensprech genannt wurde, konnten sich sogar die Unterstützung der Vereinigten Staaten sichern. Hardliner wie der damalige amerikanische Staatssekretär im Außenministerium John Bolton nannten den Vorstoß zwar »Bullshit«, aber aus Washington waren sonst verhalten wohlwollende Töne zu hören.

Das hatte wohl mehrere Gründe.

Zum einen musste in Amerika erst einmal die Tatsache politisch verarbeitet werden, dass der Irak-Krieg nach dem Sturz des Regimes von Bagdad nicht so verlaufen war wie geplant. Die verbreitete Vorstellung, erst ginge es Saddam an den Kragen und dann den Mullahs, wurde widerlegt: Man war mit dem Irak wider Erwarten noch nicht fertig und sah sich deshalb nicht imstande, dem Iran-Problem viel Kraft zu widmen. Die EU-3-Initiative versprach in dieser Situation einen Zeitgewinn: Sie würde das iranische Atomprogramm womöglich verlangsamen, so lautete die Hoffnung, den Konflikt in die Länge ziehen – nicht etwa lösen, daran glaubte niemand in der Regierung Bush –, bis Amerika wieder auf den Plan treten könnte.

Zum anderen war den Amerikanern die damals wachsende Entfremdung im Verhältnis zu Europa durchaus nicht egal, auch wenn sich das zuweilen so anhören mochte. Dass die Regierenden in Frankreich und Deutschland nicht nur dem Irak-Krieg fern geblieben waren, sondern ihn sogar zu verhindern versucht hatten und, mehr noch, anlässlich dieses Konflikts über ein »Gegengewicht« zu Amerika nachzudenken begonnen hatten, konnte den langfristiger denkenden Strategen in Washington nicht gefallen. Die Teilnahme des treuen US-Verbündeten Großbritannien an der Initiative indes bot die Chance, Europa wieder näher an Amerika heranzuführen. Hatte der Irak-Konflikt die transatlantische Allianz geschwächt, so konnte der Iran-Konflikt womöglich diese Wirkung wiederum etwas lindern.

Das mag auch erklären, wieso sich Tony Blairs Regierung an der Iran-Initiative beteiligte. Sie nahm damit nämlich, als Scharnier zwischen Amerika und Europa, eine Schlüsselstellung ein. Zugleich bot die Teilnahme innenpolitische Vorteile. Der Irak-Krieg, an dem sich Großbritannien beteiligt hatte, war im eigenen Land sehr unpopulär, sowohl unter Labour- als auch unter Tory-Anhängern. Nun eröffnete sich die Möglichkeit, der Bevölkerung zu zeigen, dass die Regierung mitnichten bellizistisch war, sondern sehr wohl die Waffen der Diplomatie bevorzugte.

Die Interessen Deutschlands und Frankreichs an der Iran-Diplomatie waren andere. Beide Länder wollen sich in der neuen, sich erweiternden EU als tonangebende Mächte behaupten. Für Frankreich, das seinem verloren gegangenen Weltmachtstatus noch immer nachtrauert, bot die Iran-Initiative die Chance, sich sichtbar ins Zentrum des internationalen Geschehens zu begeben. Für Deutschland wiederum bot sie die Gelegenheit, den Amerikanern und dem Rest der Welt zu zeigen, dass man keineswegs wegen des Irak-Krieges nun für immer in der Schmollecke verbleiben, sondern vielmehr an der Konstruktion internationaler Sicherheitspolitik mitwirken wolle. Zu diesem Zweck eignet sich die Iran-Politik ohnehin besser als das zweite Feld, auf dem Deutschland sich in der Sicherheitspolitik versucht, nämlich der Nahe Osten. Dort hat Deutschland historische Verpflichtungen, und zwar gegenüber Israel, aber kaum ernst zu nehmenden Einfluss. Für den Iran indessen ist Deutschland sehr wohl ein Faktor, vor allem ein wirtschaftlicher.

Eher skeptisch wurde die Initiative der EU-3 zunächst von einigen kleineren EU-Ländern betrachtet. In

Polen beispielsweise ging das böse Wort vom »Direktorium« um. Eine »Führungstroika« wolle man nicht, so wurde auf Brüsseler Fluren getuschelt, und: So habe man sich die Konstruktion und Struktur einer neuen europäischen Außenpolitik eigentlich nicht vorgestellt. Namentlich in Rom herrschte einiger Unmut. Doch nicht zuletzt das von Washington geübte hinhaltende Wohlwollen dürfte dazu beigetragen haben, dass man sich gewissermaßen fügte und auf die Regel verfiel: »If you can't beat them, join them«. Es dauerte nicht lange, und das ganze offizielle EU-Europa gerierte sich als Verhandlungspartei. Der europäische Außenpolitikchef Xavier Solana beteiligte sich ganz offiziell, und fortan hieß das einschlägige Diplomatenkürzel nicht mehr »EU-3«, sondern erst »E3/EU« und später nur noch »EU«.

Der Prozess selbst freilich stagnierte. Kleine Fortschritte der Verhandlungen mit Teheran wurden noch jedes Mal von Rückschlägen ausgeglichen. Die Mullahs feilschten wie auf dem Basar, und zwar um alles Mögliche: Termine, Verhandlungsorte, nebensächliche Formulierungen. Substanzielles indes wurde nicht erreicht.

Das konnte nicht ewig so weitergehen. Im Oktober 2004 schließlich wurde eine beispiellose Diplomatiemaschine in Gang gesetzt. Damals war die amerikanische Außenpolitik durch die bevorstehende Demission von Außenminister Colin Powell und die vollkommene Unklarheit darüber, wer denn mit welcher Politik an seine Stelle treten sollte, faktisch ausgefallen. Und die Europäer beeilten sich, das Vakuum zu füllen. Der EU-Ministerrat in Luxemburg einigte sich auf ein Angebot an Teherans Adresse (Wirtschaftsabkommen, auch auf nukleartechnischem Gebiet, wenn – ja wenn die Urananreicherung beendet würde), anschließend reisten Politikbeamte zwischen den Hauptstädten der G8, also

Berlin, London, Moskau, Ottawa, Paris, Rom und Tokio, hin und her. Und natürlich nach Washington, wo ein dreistündiges Spitzentreffen der G8 stattfand, auf dem die Europäer wohlwollendes Gemurmel vernahmen. Sie fühlten sich daraufhin noch großartiger.

In der Tat kam es am 15. November zu einer Abmachung zwischen dem Iran und Europa. Das Pariser Abkommen besagte, dass man weiter verhandle und der Iran währenddessen alles unterlasse, was der Urananreicherung diene. Die Einhaltung dieses Moratoriums sollte von der Internationalen Atomenergiebehörde IAEA überprüft werden. Im Gegenzug sollten die Vertreter Europas wieder einmal verhindern, dass die IAEA-Mitglieder den Fall Iran an den UN-Sicherheitsrat überwiesen – eine Gegenleistung, die zwar nicht im Text der Vereinbarung zu finden ist, sich aber von selbst versteht. Dieses Abkommen war konkreter als das vorangegangene vom Oktober 2003; es führte nämlich sämtliche Stufen der Uranverarbeitung auf, von der Konzentration des Erzes bis zur Herstellung der brisanten Isotopenmischung. Außerdem richtete es mehrere Arbeitsgruppen ein, die konkrete Aufträge zur Erarbeitung endgültiger Vereinbarungen hatten. Das alles konnte freilich den entscheidenden Dissens nicht verbergen: Der Westen wollte die Urananreicherung im Iran endgültig unterbinden, der Iran hingegen sich diese Option nicht nehmen lassen.

Die folgenden Wochen und Monate boten ein gemischtes Bild. Zwar konnte der IAEA-Generaldirektor ElBaradei auf einer Konferenz des Gouverneursrates seiner Behörde am 25. November 2004 offiziell feststellen, dass Teheran seine der Anreicherung dienenden Aktivitäten überprüfbar eingestellt hatte. Aber dann wurde die sonderbare Bitte laut, mit zwanzig »Sets von Zentrifugenkomponenten« weiterarbeiten zu dürfen, zu

Forschungszwecken. Und so ging es immer weiter, vor und zurück, hin und her. Finten, Tricks und Nadelstiche. So verging ein Jahr.

Vor der Wahl von Machmud Achmadinedschad zum iranischen Staatspräsidenten im Sommer 2005 zeichnete sich dann für einen kurzen Moment ein Hoffnungsschimmer ab. Der Iran und die Europäer hatten sich auf die Formel geeinigt, »objektive Garantien« der rein friedlichen Nutzung von Kerntechnik zu vereinbaren. Bis zu diesem Zeitpunkt war der Spielraum für Lösungen eng gewesen. Die USA beharrten darauf, dass der Iran alle Anlagen zur Urananreicherung nicht nur zusperren, sondern regelrecht demontieren sollte, und zwar so, dass sie nicht binnen kurzem wieder zusammengesetzt werden könnten. Der Iran hingegen wollte eine andere als eine verbale Garantie, er habe ausschließlich friedliche Zwecke im Sinn, nicht abgeben. Nunmehr galt also die Formel der »objektiven Garantien«, der auch die amerikanische Diplomatie zustimmte. Konkret hätte das bedeuten können: Alle Anlagen werden dergestalt eingemottet, dass eine erneute Wiedereinrichtung zur Inbetriebnahme nicht möglich wäre, ohne sofort bemerkt zu werden. Zugleich sicherte Teheran zu, so lange keinen Kernbrennstoff herzustellen, wie sich auch die Europäer an alle Abmachungen hielten (insbesondere die Anerkennung des Rechts des Iran, friedliche Nukleartechnik zu betreiben). Dadurch wären Teherans Chancen, wie Nordkorea aus dem Atomwaffensperrvertrag auszutreten und im Schnellgang die Bombe herzustellen, immerhin verringert worden. Zugleich wäre das Drohpotenzial des Iran nicht vollständig abgebaut worden, weshalb der damalige Chefunterhändler für die EU-Gespräche, der alte Fuchs Hassan Rohani, zufrieden hätte heimreisen können, um diese Konzession allen Fraktionen des

Systems als »freiwilliges und bedingtes« Moratorium zu verkaufen.

Doch Rohani hatte bald nichts mehr zu verkaufen. Die Ultras ergriffen die Macht in Teheran. Und dann wurde, Ende November 2005, in Isfahan die Urankonversion in Gang gesetzt. Eine Ohrfeige für die Europäer, die gerade ein umfassendes Angebot unterbreitet hatten. Darin sicherten sie wirtschaftliche (auch nukleartechnische) Zusammenarbeit zu und befürworteten eine atomwaffenfreie Zone (brisant, wegen Israel) sowie Sicherheitsgarantien. Gegenleistung: Verzicht auf die Urananreicherung. Man fragt sich nur, woher der europäische Optimismus kam. Stets hatten sämtliche relevanten Kräfte im Iran erklärt: Vieles machen wir mit, nur nicht, dass wir auf die Anreicherung verzichten. Am 9. Januar 2006 wurden die Vorbereitungsarbeiten für das Anreichern in Natanz wieder aufgenommen. Das war das Ende der EU-Initiative.

Ihr ist der iranische Partner abhanden gekommen. Bis zum Herbst 2005 hatten es Europas Unterhändler immerhin noch mit verschiedenen Kräften des Teheraner Regimes zu tun, die sich durchaus gegeneinander ausspielen ließen, auch wenn sie allesamt Befürworter eines eigenen Atomprogramms sind – die gemäßigten Reformer aus dem Umkreis des ehemaligen Staatspräsidenten Chatami, die konservativen Realisten wie Rafsandschani und Rohani, Technokraten wie Salehi und dann noch die Radikalen. Doch Letztere haben sich seit Ende 2005 der Diplomatie bemächtigt. Präsident Achmadinedschad hat das diplomatische Korps in mehreren nuklearpolitisch wichtigen Hauptstädten ausgetauscht (Paris, London, Berlin). Auch seine Wiener Atomverhandler wurden neu zusammengesetzt, und wie aus Diplomatenkreisen verlautet, sind einschlägig bekannte Revolutionsfanatiker darunter, die in anderen Ländern den Status einer Persona non grata haben. Selbstbewusst treten sie auf und weisen genüsslich auf die außenpolitische Schwäche Amerikas hin. Auffällig auch, dass Achmadinedschad seit Ende Oktober 2005 selbst als Außenpolitiker auftritt, besser gesagt: als antisemitischer Brandstifter. Außen- und Sicherheitspolitik waren bis dato dem religiösen Führer Chameini vorbehalten gewesen.

Was also bleibt von den europäischen Bemühungen? Sie waren eine neue Form europäischer Außen- und Sicherheitspolitik, aber ihr Ziel konnte angesichts der inneren Lage des Iran nicht verwirklicht werden. Eine Fußnote der Geschichte wären sie geblieben – wenn die Amerikaner es bei ihrem Scheitern belassen hätten. Doch Condoleezza Rice hatte offenbar die Besonderheit der Lage erkannt: Es tat sich eine Chance auf, mit den Europäern gemeinsam die Iran-Politik zu verschärfen, ohne dass diese sich düpiert fühlen mussten. Mehr noch, als sich in den letzten Januartagen 2006 die fünf Atommächte und die EU-Troika bei einem Treffen in London (bei dem England und Frankreich Doppelrollen spielten) auf ein gemeinsames Vorgehen bei der IAEA einigen konnten, sonnten sich Europas Vertreter im Bewusstsein, gewissermaßen als diplomatischer Mittler zwischen den USA einerseits sowie Russland und China andererseits fungiert zu haben – und besonders stolz waren natürlich die Deutschen, wieder mittendrin im Geschehen anstatt nur kritisierend am Rande zu stehen, und das als einziger der beteiligten Staaten, der nicht über Kernwaffen verfügt! Balsam, nachdem im Jahr zuvor alle Versuche gescheitert waren, einen ständigen Sitz im Sicherheitsrat der Vereinten Nationen zu erlangen.

Der Wortlaut der Londoner Vereinbarung war so abgefasst worden, dass Russland und China entlang dem eingeschlagenen Weg jederzeit »Halt« rufen konnten.

Die Europäer wurden aufgefordert, für ein Gouverneursmeeting der IAEA Anfang Februar eine Resolution zu entwerfen, die verlangen sollte, dass die Atomenergiebehörde an den Sicherheitsrat »berichte« – und nicht etwa, dass sie von dem UN-Gremium fordere, aktiv zu werden. Eine ausführliche Unterrichtung des Sicherheitsrates sollte auch nicht sofort erfolgen, sondern erst nach Monatsfrist, binnen derer ein neuer Bericht ElBaradeis über den Iran zu verfertigen und sodann vom Gouverneursrat mit neuerlichen Beschlüssen verbunden werden müsse. Letztlich also eine weitere Frist für Teheran! Und kein Wort über Sanktionen. Aber doch ein doppeltes Signal: Erstens bemühten sich die fünf Atommächte um eine gemeinsame Iran-Politik, und zweitens gingen die USA und die EU den gleichen Weg.

Wenige Tage nach dem Londoner Beschluss kam es dann auch genau so wie beschlossen: Die Europäer brachten in die IAEA-Tagung Anfang Februar 2006 die vereinbarte Resolution ein, und eine große Mehrheit der in der Behörde vertretenen Staaten stimmte ihr zu. Teherans Bemühungen, mit Russland und China einen Extrakurs zu fahren und die transatlantischen Spannungen zu nutzen, erhielten einen Rückschlag.

Bis zur nächsten IAEA-Sitzung am 6. März folgten aufregende vier Wochen, in denen Teheran die Verhandlungen mit den Europäern für vollends beendet erklärte und mit den Russen einen Kompromiss zu vereinbaren suchte: gemeinsame Anreicherungsarbeit in industriellem Umfang auf russischem Boden – doch zugleich fortgesetzte Anreicherungsexperimente in Natanz. Begleitet wurde die Diplomatie durch den so genannten Karikaturenstreit, in den sich Teheran unmittelbar nach der IAEA-Tagung im Februar mit unmerklicher Verspätung, dafür aber massiv einschaltete.

Am Abend des 6. März dann schien es, als käme doch

noch ein Kompromiss zustande: Anreicherung in Russland (ohne Beteiligung iranischer Wissenschaftler), Wiederinkraftsetzen der erweiterten IAEA-Kontrollen – und als Zugeständnis an den Iran die Erlaubnis, unter Aufsicht der IAEA mit einer Kaskade von zwanzig Zentrifugen in Natanz Experimente zu betreiben. Letzteres war kein allzu hoher Preis, sollte man meinen, und so sah es angeblich auch der deutsche Außenminister Frank-Walter Steinmeier (im Gegensatz zu seinen französischen und britischen Kollegen). Doch dann rief Condoleezza Rice den IAEA-Chef ElBaradei an: Nicht mit uns!

Das war eine Zäsur. Die Bemühungen um einen Kompromiss mit dem Iran waren an den Amerikanern gescheitert. Nun lag der Fall endgültig dem UN-Sicherheitsrat vor.

7 Was würde geschehen, wenn … – und was sollte geschehen?

Vier Szenarien und sieben Empfehlungen

Die iranische Nuklearkrise ist ein so komplexes Problem, weil erstens das Verhalten Teherans kaum vorherzusehen ist und zweitens eine Vielzahl von Mächten mit unterschiedlichen Interessen an ihm teilhat: das in sich zerrissene Amerika, das vielfältige Europa, Israel, Russland, China, Irans nuklear gerüstete Nachbarn, die arabischen Länder, die Industrie- und Schwellenländer mit ihren kommerziellen und zum Teil militärischen kerntechnischen Ambitionen sowie einige sehr ernst zu nehmende Atommächte im Wartestand wie Japan.

Strategien für eine Lösung der Krise neigen daher dazu, hoffnungslos unterkomplex zu sein. Einen Plan, der sich für alle Aspekte eignet, kann es nicht geben.

Handeln muss die Politik dennoch. Nur – woran kann sie sich halten? In diesem Kapitel wollen wir vier plausible Szenarien beschreiben; sie sind idealtypisch, in der Realität sind Mischungen möglich. Diese Szenarien sind in unterschiedlichem Maße erstrebenswert, weshalb sie die Beurteilung der Iran-Politik erleichtern können. Anschließend wagen wir sieben Empfehlungen.

Das erste Szenario: Iran wird ein Atomwaffenstaat. Was geschieht dann?

Als Erstes dürfte Israel offiziell erklären, selbst Kernwaffen zu besitzen (bisher gilt dort eine Politik der »nuklearen Zweideutigkeit«) – das wiederum würden Saudi-Arabien, Syrien, Ägypten und womöglich Marokko oder Algerien als Vorwand nutzen, das gleiche Ziel zu verfolgen. Ein ähnlicher Ketteneffekt ist in Asien zu befürchten; in der japanischen Rechten beispielsweise wird das Hiroshima-Argument umgedreht: »Nie wieder Hiroshima« führe zu dem Schluss, das Land könne einen nordkoreanischen nuklearen Aggressor nur mit eigenen Kernwaffen abschrecken. Die Liste der Staaten, die in ein atomares Wettrüsten einsteigen könnten, ist lang, sie reicht von Brasilien bis Taiwan (nicht auszudenken!). Es fügt sich ein düsteres Gesamtbild: Die internationale Kontrolle der Atomwaffentechnik zerfällt. Dieser Prozess könnte lange dauern.

Kurzfristig indes drohte eine noch größere Gefahr: die des tatsächlichen Einsatzes von Atomwaffen. Denn inwieweit sich ein iranisches Regime vom Typus des gegenwärtigen davon abschrecken ließe, ist ungewiss. Der Vernichtungsantisemitismus, den Achmadinedschad mittlerweile zur Regierungspolitik gemacht hat, ist ernst zu nehmen. Fehlkalkulationen auf beiden Seiten (namentlich im Iran, in Israel und den USA) könnten in ein nukleares Inferno münden. Signifikant anders wäre die Lage, wenn ein Kernwaffenstaat Iran ein so rationaler Gegenspieler wäre, wie es die Russen in der Zeit des Kalten Kriegs (letztlich) waren. Der Iran ließe sich dann womöglich in eine regionale Sicherheitspartnerschaft einbinden und könnte die neu erworbene Rolle als regionale Großmacht genießen, zusammen mit Pakistan und Indien. Doch auch dann wäre das Risiko hoch.

Das zweite Szenario: Präventivkrieg gegen den Iran

Ein regelrechter Einmarsch in den Iran erscheint unmöglich. Die einzige Macht, die über die militärischen Mittel für einen solchen Schlag verfügte, sind die USA.

Aber sie sind bereits im benachbarten Irak an ihre Grenzen gestoßen. Und der Iran ist im Vergleich zum Irak von anderem Kaliber. Er ist größer, hat wesentlich mehr Einwohner und wird von einem Regime beherrscht, das zwar nicht populär ist, aber doch erheblich mehr Rückhalt in der Bevölkerung genießt als die grausame Diktatur Saddam Husseins. Im Falle eines Angriffs auf den Iran würden sich weite Teile der Bevölkerung zur Wehr setzen – auch wenn sie damit zugleich das Regime verteidigten. Darin hat das Land Erfahrung, aus dem Krieg gegen den Irak. Die Möglichkeit eines glatten, schnellen Sieges existiert nicht.

In Frage kommen daher allenfalls Luftangriffe. Für sie finden Planspiele in den USA und in Israel statt. Was könnten sie bewirken? Sie könnten darauf gerichtet sein, Nuklearanlagen des Iran zu zerstören, bevor das Land zur Atommacht wird. Welche Anlagen? Im Gespräch ist der russisch-iranische Atomreaktor Buschir, und als Vorbild dient der israelische Angriff auf den irakischen Atomreaktor Osirak im Jahr 1981. Es handelte sich um einen Leichtwasserreaktor französischer Bauart, in dem waffentaugliches Plutonium herzustellen nur mit enormem Aufwand möglich gewesen wäre – kaum zu verbergen vor den anwesenden französischen Technikern und den alle vierzehn Tage einschwebenden Inspekteuren der Wiener Atombehörde IAEA, ebenso wenig vor deren fest installierten Kameras. Doch nach der Attacke gab Saddam Hussein neue Befehle: die Einleitung eines Waffenprogramms mit angereichertem Uran, und zwar in weithin verstreuten, tief verbunkerten Anlagen, unzugänglich für Luftangriffe. Die Osirak-Erfahrung lehrt folglich, dass Buschir kein technisch lohnendes Ziel ist, zumal sich dieser Meiler weitaus weniger als der damalige Saddam-Reaktor zur Produktion waffentauglichen Plutoniums eignet. Nein, wenn im Zusammenhang mit Präventivschlägen von Buschir die Rede ist, dann nur deshalb, weil sich die Anlage relativ leicht treffen und zerschlagen ließe – was, so das Kalkül, zwar die iranische Bombe nicht technisch, wohl aber politisch verhindern könnte: Der Luftangriff wäre ein Signal der Entschlossenheit, nicht mehr, aber auch nicht weniger.

Nicht nur politische, sondern auch technische Wirkung könnten Angriffe auf die Atomanlagen in Isfahan und Natanz entfalten, die für zwei empfindliche Phasen der Herstellung von angereichertem Uran vorgesehen sind. Die beiden Nuklearkomplexe sind mit Flugabwehrraketen gesichert. Überdies will Moskau in den kommenden Jahren etwa dreißig Raketenabwehrsysteme im Wert von umgerechnet 600 Millionen Euro an den Iran liefern. Es handelt sich um Boden-Luft-Kurzstreckenraketen vom Typ Tor-M1. Das sind moderne, hoch automatisierte Waffen, die imstande sind, unter jeglichen Wetterbedingungen und zu jeder Tages- und Nachtzeit zwei angreifende Raketen, Drohnen, Flugzeuge oder Hubschrauber gleichzeitig abzuschießen. Das radargestützte System kann Ziele in einer Entfernung von fünfundzwanzig Kilometern erkennen und bekämpft sie, sobald diese zwölf Kilometer vom Abschussort entfernt sind; seine Reaktionszeit soll außerordentlich kurz sein. Tor-M1 erreicht anfliegende Waffen in einem Luftraum zwischen zehn und sechstausend Metern. Das Gesamtsystem ist hochmobil und lässt sich auch leicht mit Flugzeugen transportieren.

Es kommt hinzu, dass die Anlagen von Isfahan und Natanz großenteils unter der Erde verbunkert sind. Das macht sie zwar nicht unangreifbar, aber der Erfolg einer Attacke mit konventionellen Raketen, mögen sie auch auf das Aufbrechen von Befestigungen spezialisiert sein, ist außerordentlich ungewiss. Wollten die Angreifer deshalb Atomsprengköpfe gegen diese Anlagen einsetzen, so könnten sie damit zwar die Gelände auf längere Frist unzugänglich machen – aber der politische Fall-out dürfte selbst die entschlossensten Falken in Washington abschrecken (und es ist nicht anzunehmen, dass Israel einen solchen Schlag ohne amerikanische Rückendeckung durchführen würde). Überdies wird weithin vermutet, dass es bereits Ausweichquartiere für die chemischen Anlagen von Isfahan und die physikalischen von Natanz gibt. Und wenn die bislang unbewiesene Behauptung der Falken in Washington zutreffen sollte, dass ein zweiter, weit verzweigt und unterirdisch angelegter Nuklearkomplex existiert, dann ist die Option eines Militärschlags erst recht nichts wert.

In jedem Fall hätten Luftangriffe schwierige Voraussetzungen und schwerwiegende Folgen. Sollten die Israelis die Angreifer sein, so müssten sie den Luftraum der Türkei nutzen dürfen – was dort eine schwere Krise auslösen würde. Amerikaner könnten den Angriff zwar von Oman, Qatar, Kuwait oder dem Irak aus führen, mit Langstreckenbombern direkt von den USA oder auch vom Stützpunkt Diego Garcia aus, aber sollten sie und nicht die Israelis handeln, dann müssten sie zuvor sehr viel Weltpolitik bewältigt haben. Es gälte dann nämlich zunächst, Verbündete zu gewinnen und potenzielle Kritiker nach Möglichkeit zu neutralisieren; das fiel schon vor dem Irak-Krieg schwer und dürfte diesmal noch schwieriger sein. Den Russen oder Chinesen braucht Washington mit solchen Plänen gar nicht erst zu kommen. Und die Folgen? Das iranische Regime würde die Popularität wiedergewinnen, die es im eigenen Land verloren hat, die Dritte Welt würde sich überwiegend mit ihm solidarisieren, und die gerade wieder gesundenden transatlantischen Beziehungen müssten erneut in die Intensivstation.

Fragt sich außerdem, wie der Iran reagieren würde. Direkt militärisch, mit Angriffen auf Israel? Wohl kaum, dagegen steht (vermutlich) die Abschreckung seitens der USA. Indirekt, mit Hilfe der Hesbollah? Gut möglich. Beinahe sicher aber ist, dass der Iran die koreanische Option wählen würde: Austritt aus dem Atomwaffensperrvertrag. Das Ende aller Inspektionen durch die Internationale Atomenergiebehörde IAEA wäre die Folge und damit, letztlich, sogar eine Beschleunigung des iranischen Atomprogramms. Just das also, was zu verhindern am Anfang all dieser martialischen Überlegungen steht.

Drittes Szenario: Der Iran wird einem internationalen Sanktionsregime unterworfen

Wirksame Sanktionen setzen voraus, dass sie vom Sicherheitsrat der Vereinten Nationen beschlossen und überwacht werden. Doch leider ist es zu der immer wieder angestrebten Reform der Uno nicht gekommen, weshalb der Sicherheitsrat nach wie vor von den Kernwaffenstaaten dominiert wird, die einander oft wechselseitig blockieren. Für ein Sanktionsregime wäre es zunächst einmal entscheidend, ob sich die Chinesen und die Russen dafür gewinnen ließen.

China geht mit der Iran-Frage deshalb vorsichtig um, weil es jedes Präjudiz für das Nordkorea-Problem vermeiden will. Außerdem arbeitet es mit dem am Golf gelegenen Öl- und Gasexporteur und Rüstungsimporteur wirtschaftlich eng zusammen. Allerdings könnte ein Kernwaffenstaat Iran die heikle Balance zwischen den Atommächten Indien und Pakistan durcheinander bringen und damit einen Konflikt verschärfen, an dem China beteiligt ist. Außerdem strebt China nach internationaler Anerkennung als Global Player, nicht nur in der Wirtschaft, sondern auch in der Politik, und eine gemeinsam mit den USA betriebene Sanktionspolitik könnte diesem Interesse entgegenkommen. Die Interessen Russlands sind ähnliche, mit dem Unterschied allerdings, dass Moskau nicht einen neuen Status anstrebt, sondern den Verfall seines Gewichts aufzuhalten sucht. Das könnte für die Russen ein Motiv sein, an einer internationalen Sanktionspolitik teilzunehmen – jedenfalls, wenn sich dafür politische Gegenleistungen aushandeln ließen.

Fragt sich nur, was Sanktionen denn bewirken können. Der Ausgang einer solchen Politik ist nämlich ungewiss. Sanktionen könnten durchaus dazu führen, dass der Iran sich ganz aus der Sicherheitspolitik und dem System des Atomwaffensperrvertrags ausklinkt und den nordkoreanischen Weg geht – sie könnten aber ebenso gut, zumal wenn sie abgestuft verhängt werden, ebendieses Kontrollsystem stärken, indem sie den Unterhändlern und Inspekteuren der IAEA als Druckmittel dienten.

Auch ihre Wirkung im Innern des Landes ist ungewiss. Würden sie Unruhe oder Einigkeit erzeugen? Es mag schon sein, dass unter anhaltendem wirtschaftlichem Druck die bisherigen Profiteure des Regimes von den Radikalen um Achmadinedschad abrückten und sich mit dem Mittelstand oder womöglich gar den darbenden Massen verbündeten. Ein durchtriebener Pistazienhändler wie Rafsandschani, Oberhaupt einer weit verzweigten Sippe von Gewinnlern, kann Peanuts sehr wohl von Nuggets unterscheiden, und wenn sich solche Leute ihres Goldes nicht mehr sicher sind, gehen sie sogar Bündnisse mit dem Teufel ein. Am Ende stünde dann ein Regimewechsel – von einer Diktatur zur nächsten, gewiss, aber wenigstens von einer irrationalen zu einer rationalen.

Viertes Szenario: dem Iran die Atomrüstung abkaufen

Derartige Versuche haben bisher nichts gefruchtet. Hat womöglich nur der Preis nicht gestimmt? Angenommen, Amerika vollzöge einen Kurswechsel wie weiland unter Richard Nixon in den Beziehungen zu China. Angenommen, nur mal angenommen, Condoleezza Rice hüllte sich in ein Kopftuch und besuchte Achmadinedschad, um ihm zu versichern: Wir unterstützen euer Streben, die bestimmende Regionalmacht zu sein, wir verhelfen euch zu den wirtschaftlichen und diplomatischen Voraussetzungen und stellen nur zwei Bedingungen: Lasst Israel in Ruhe und gebt die Urananreicherung aus der Hand. Was wäre die Reaktion in Teheran? Hohn und Spott.

Die Betrachtung dieser Szenarien führt uns zu folgenden Empfehlungen.

Erstens: militärische Eskalation vermeiden – und auf sie vorbereitet sein

Alles, was zu einer militärischen Konfrontation führt, ist zu unterlassen. Freilich bleibt es möglich, dass die Iran-Krise außer Kontrolle gerät. Dann ist Israel in Gefahr und Europa möglicherweise ebenfalls. Man darf nicht vergessen, dass Israel klein ist, seine Bürger leben gedrängt auf engem Raum. Es ist strategisch verletzlicher als der Iran. Teheran muss daher wissen: Sollte der Iran sich anschicken, Israel zu attackieren, wird ein massiver Schlag diesem Verbrechen zuvorkommen.

Zweitens: Zeit gewinnen

Schwer zu vermitteln: Ein dringliches Problem, und trotzdem muss Zeit gewonnen werden? Richtig ist es aber dennoch. Wenn der Iran fünf bis zehn Jahre von der Bombe entfernt ist, dann ergibt sich daraus zweierlei: Zum einen sollte das Zeitfenster vergrößert werden, indem man dem Iran neuerliche Moratorien oder Kontrollmechanismen abhandelt, und zum anderen muss die Zeit diplomatisch genutzt werden. Und zwar für Bündnispolitik, denn wie auch immer eine Kombination von Sanktionen und Angeboten aussehen mag, sie muss von einem Bündnis der wichtigsten Mitspieler getragen sein, damit sie wirksam wird.

Drittens: Bündnisse schmieden

Zuallererst dürfen sich die USA und Europa auf keinen Fall auseinander bringen lassen. Sie könnten unterschiedliche Wege beschreiten, aber über das Ziel muss Einigkeit herrschen. In Teheran dürfen keine Zweifel daran aufkommen, dass die USA und Europa in dieser Frage geschlossen handeln.

Zusätzlich muss erreicht werden, dass Russland und China sich an einer abgestimmten Iran-Politik beteiligen. Man braucht die Stimmen beider, um eventuelle Sanktionen durch den Sicherheitsrat der Vereinten Nationen beschließen zu lassen. Russland ist wegen der nukleartechnischen Zusammenarbeit mit dem Iran von besonderer Bedeutung.

Um schädliche Nebeneffekte einer Sanktionspolitik zu vermeiden, muss die Iran-Politik des Westens auch im arabischen Raum und ganz allgemein jenen Ländern nahegebracht werden, die den Iran immer noch als Opfer von Diskriminierung ansehen – und so ein Überzeugungsprozess benötigt eben auch seine Zeit.

Viertens: eine abgestufte, kluge Sanktionspolitik

Sanktionspolitik könnte, zusammen mit Angeboten (dazu die fünfte Empfehlung), Teheran gewisse Zugeständnisse abhandeln, die Verzögerungen seines Atomprogramms gleichkämen. Angesichts der steigenden Energiepreise wäre eine Politik, die darauf hinausliefe, dem Iran den Öl- und Gasexport zu verwehren, politisch illusorisch. Sie wäre auch nicht gezielt genug, würde das ganze Land treffen und womöglich zusammenrücken lassen. Zu denken ist eher an spezifische und gestufte Sanktionen. Einreisehindernisse, Exportbeschränkungen aller Art und ebenso Importkontrollen für Industriewaren, die sich auch militärisch verwenden ließen (was für die Rechtfertigung von Sanktionen nicht unwichtig ist), können Hebel sein, die Unzufriedenheit iranischer Wirtschaftskreise mit dem Isolationskurs des Regimes zu schüren.

Fünftens: Angebote an den Iran

Es gibt bessere Wege zum Status einer unangreifbaren Regionalmacht als die Bombe. Dieses Gefühl muss in Teheran Vorherrschaft gewinnen. Das Regime im Iran fühlt sich bedroht und eingekreist. Man muss ihm diesen Eindruck nehmen, indem man ihm Sicherheitsgarantien gibt. Es ist sehr unwahrscheinlich, dass die USA direkt an Teheran ein Angebot richten, zum Beispiel die Zusicherung, nicht militärisch vorzugehen. Trotzdem besteht die Möglichkeit, dass man den Iran in regionale Sicherheitspartnerschaften einbindet, die von den Vereinigten Staaten zumindest im diplomatischen Hintergrund unterstützt werden.

Man kann in der Region zahlreiche Beispiele dafür finden, dass sich die Interessen des Iran mit denen der USA decken. De facto hat sich zum Beispiel in Afghanistan eine recht erfolgreiche Zusammenarbeit zwischen dem Iran und den Vereinigten Staaten entwickelt. Der Irak ist ein weiteres mögliches Feld der Kooperation. Denn weder Amerika noch der Iran haben ein Interesse an einem Zerfall des Irak.

Im Grunde liefe das Angebot darauf hinaus, den Iran schrittweise als eine regionale Ordnungsmacht zu akzeptieren. Freilich gibt es diese Anerkennung nicht zum Nulltarif. Im Gegenteil: Der Iran muss definitiv damit aufhören, Israel zu bedrohen.

Sechstens: einen Reformprozess anstreben

Eine Anerkennung als Regionalmacht erhält der Iran auch nur dann, wenn er im Innern die Menschenrechte respektiert; wenn er den demokratischen Reformprozess wieder aufnimmt und fortsetzt; wenn er aufhört, internationalen Terror zu unterstützen (Hesbollah, Libanon). Zugegeben: Das beschreibt das Ergebnis einer Partie, nicht die Aufstellung der Figuren zu ihrem Beginn. Aber immerhin gibt es ein Modell für dieses Spiel: der Helsinki-Prozess, der in den siebziger Jahren mit der Sowjetunion in Gang gesetzt wurde. Zugegeben weiterhin: Die Sowjets waren berechenbare Partner. Doch wer will ausschließen, dass Machtverschiebungen in Teheran auch dort wieder Leute ans Ruder bringen, deren Reaktionen mit wohlverstandenen Eigeninteressen konform gehen?

Geht Teheran auf einen solchen Prozess nicht ein, so darf der Westen keinesfalls locker lassen, wenn es um die Menschenrechte geht. Nicht nur um seiner Selbstachtung willen, sondern auch, weil die moralische und kulturelle Attraktivität des Westens im Iran noch immer wirkt – auf Dauer zum Schaden der Radikalen.

Siebtens: das strittige Problem lösen – friedliche Kerntechnik für den Iran

Als Unterzeichner des Atomwaffensperrvertrags hat der Iran das Recht, Uran anzureichern. Man kann es ihm nicht absprechen. Da aber diese Technik dazu missbraucht werden kann, eine Bombe zu bauen, sind gewissermaßen Sicherheitsgurte anzulegen. Sie könnten dem Baruch-Plan von 1946 ähneln. Seit 2003 bringt die IAEA wieder Vorschläge für regionale Zentralen ins Gespräch, in denen mehrere Länder unter internationaler Aufsicht darin kooperieren, nuklearen Brennstoff herzustellen und zu entsorgen (in Frage kommen Südafrika, Südkorea, Brasilien und andere). So etwas gibt es bereits, nämlich die deutsch-britisch-niederländische Uranfirma Urenco. Der Iran hat sich grundsätzlich bereit erklärt, an derartigen Konstruktionen mitzuwirken, besteht allerdings darauf, dass der heikelste Prozess, eben die Urananreicherung, auf iranischem Boden stattfindet. Das ist mittlerweile eine Prestigefrage. Im Gespräch war Anfang März die Fortführung von Experimenten in Natanz, und zwar mit einer sicherheitspolitisch wenig relevanten Kaskade von zwanzig Zentrifugen unter strikter IAEA-Aufsicht. Der Deal kam nicht zustande. Doch auf Dauer ließe sich vielleicht eine ähnliche Lösung finden, die es dem Iran erlaubt, das Gesicht zu wahren – und die dennoch die alles entscheidende industrielle Betriebserfahrung auf dem Gebiet der Anreicherung nicht in den Iran dringen lässt.

Es kann sein, dass eine stabile Kooperationslösung nur im Zuge einer revidierten Version des Atomwaffensperrvertrags möglich wird, die signifikante Abrüstungsschritte der »Nuklearen Fünf« einschließt. Denn solange diese ihrer Vertragspflicht nur unzureichend nachkommen, die atomare Abrüstung voranzutreiben, werden nukleartechnische Newcomer wie der Iran des Beifalls anderer aufstrebender Staaten gewiss sein können, wenn sie die Grenzen des Vertragsregimes testen. Es ist deshalb dringend erforderlich, dass die bis zur Reformkonferenz für den Atomwaffensperrvertrag im Jahre 2010 verbleibende Zeit konstruktiv genutzt wird; und es ist kein Geheimnis, dass die wirksamste Initiative, dieses Ziel zu erreichen, eine wäre, die in Washington ihren Ausgang nähme. Den Anfang könnte das vollständige Inkraftsetzen des nuklearen Teststopabkommens machen, das wegen der Blockade durch die USA in den Seilen hängt.

Aber welchen Zweck soll es haben, dem Iran bei der Entwicklung eines zivilen Atomprogramms zu helfen –

wozu braucht denn ein so öl- und gasreiches Land überhaupt zivile Kernenergie? Nun, auch in anderen ölreichen Staaten existieren Atomprogramme, zum Beispiel in Russland und Mexiko. Auf diese Weise sichern sie sich gegen Preisrisiken und verhindern zugleich, dass exportträchtige Ressourcen wie Öl und Gas allzu schnell verbraucht werden. Seit der Revolution von 1979 hat sich die Bevölkerungszahl des Iran mehr als verdoppelt (von zweiunddreißig auf siebzig Millionen), doch die Ölproduktion beträgt nur noch siebzig Prozent der damaligen Fördermenge. Das zur Neige gehende Öl soll exportiert werden, aber zugleich benötigt das Land für sein eigenes Wachstum Energie. Zwar ist seine wirtschaftliche Perspektive angesichts der internationalen Isolierung, in die das Regime es zurzeit führt, nicht gesichert, aber im Prinzip braucht der Iran pro Jahr etwa dreitausend Megawatt zusätzliche Stromleistung. Wie groß der nukleare Anteil dieser Zubauten sein soll, ist im Teheraner Establishment durchaus umstritten; das Parlament hat im März 2005 beschlossen, es solle mit Planungen für den Bau von zwanzig neuen Atomkraftwerken begonnen werden.

Das klingt utopisch. Doch aus dem weltweiten Trend fällt dies keineswegs. Entwicklungs- und Schwellenländer wie der Iran registrieren derzeit genau, dass sich einige Industriestaaten nach langer Pause anschicken, den Einsatz der Kernenergie wieder auszuweiten. Im stromhungrigen Asien werden bereits die Konsequenzen gezogen, dort boomt die Kernenergie. Den Newcomern ist bewusst, dass der Bau der Meiler hohe Investitionen erfordert, dass sie aber auch bei Laufzeiten von vierzig bis sechzig Jahren den größten Teil ihrer Lebensdauer hindurch geradezu Maschinen zum Gelddrucken sind. Angesichts dieses Trends bleibt es zwar zulässig, den Iran vor Risiken der Kernenergie zu warnen, doch es gibt weder einen Grund, ihm diese Technik zu verwehren, noch einen Anlass, ihre Entwicklung zum Ausgangspunkt eines politischen Verdachts zu machen.

Nicht die Tatsache, dass der Iran ein Atomprogramm hat, bereitet Sorge, sondern der Umstand, dass es sich um den Iran in seinem gegenwärtigen Zustand handelt. Und daraus ergibt sich die Schlussfolgerung: Der Schlüssel liegt in den Machtverhältnissen in Teheran.

Wie immer die Iran-Politik des Westens in den kommenden Jahren aussehen mag – und da sind viele Varianten denkbar –, stets muss sie darauf achten, wie sie auf die innere Machtbalance wirkt.

Veränderungen des Regimes, darauf muss es der Iran-Politik ankommen. Zunächst auf eine Rückkehr zum Realismus in der iranischen Außenpolitik. Und auf längere Sicht auf die Rückkehr dieses großartigen und liebenswerten Landes in den Kreis der zivilisierten, gebildeten, demokratischen Nationen.

Register

Die Autoren

Gero von Randow, Jahrgang 1953, wurde mehrfach als Wissenschaftsjournalist ausgezeichnet. Er hat viele erfolgreiche Sachbücher veröffentlicht. Seit 1992 Redakteur der *Zeit,* zuerst Ressort Wissen, dann Politik. 2001 bis 2003 baute er das Wissenschaftsressort der *Frankfurter Allgemeinen Sonntagszeitung* auf, danach kehrte er ins Ressort Politik der *Zeit* zurück. Heute ist er Chefredakteur von *Zeit*-online.

Ulrich Ladurner, geboren 1962, arbeitet seit 1999 als Auslandsredakteur der *Zeit,* in deren Auftrag er aus dem Irak und Iran, aus Afghanistan und Pakistan berichtet. 1994 erhielt er den Claus-Gatterer-Preis für eine ORF-Reportage. Buchveröffentlichungen: »Islamabadblues« (2001, in mehrere Sprachen übersetzt), »Tausendundein Krieg« (2004).